Doric - Alive an Kickin

Deborah Leslie

Argo Publishing

First published in 2004 by

Argo Publishing
29 Maryfield Crescent,
Inverurie,
Aberdeenshire AB51 4RB

Web: www.deborahleslie.co.uk

IBSN: 0 9546153 1 X

Printed and bound in UK by
Antony Rowe Ltd.,
Chippenham, Wiltshire

Dedication

I dedicate this book to my family and friends for their support and encouragement.

Acknowledgements

With special thanks to the following:

- John Blevins for promotion work.

- Rob Ward for Cover Design.

- Marjory Gibbon Mitchell for proof-reading assistance.

- My husband, Donald, for his help and endless patience.

The poems *Dream fir Doric* and *Celebration o the Doric*, and abridged versions of the stories *Doric – Alive an Kickin, Tea in the Mart* and *Fat Chunce* have previously appeared in *Leopard* magazine.

Contents

Dream fir Doric

Lut's hear some new sangs;
Differint tales te tell,
Blawin in a fresh win
Aneth Doric's sails.

Nae firgettin past times,
Celebratin still.
Bit keepin Doric movin,
Keepin Doric real.

Nae jist stuck oan rewind,
Faist forrit, press oan play.
Young anes' wirds an vyces -
Stan up an hae a say.

Resist the cry fir 'Nae change!'
An the shout o 'Naethin new!'
At's the vyce at teemed the kirk,
Syne greets ower impty pews.

Fit's firivver leukin back,
Can firget te leuk aheid.
Ye canna hae a hairst time,
Wi'oot sawin some new seed.

Hans at nivver vrocht the grun
Nir kent a horse an ploo,
Can haud a pen te write wi,
Mak aul wirds sing wi new.

Young folk an auler folk,
Wirkin side bi side,
Respectin ane anither,
Keepin an open mind.

Takkin the best fae baith warlds,
Mixin new wi aul.
Keepin the pottie bubblin,
Fir fit biles dry, rins caal.

Lut's keep oor heritage livin,
Saved fae fadin awa.
New Doric, aul Doric,
Ere's room fir it aa.

Doric - Alive an Kickin

"I'm sure the 'Doric' is something that anyone could learn. There can't be that much to it." A wifie it a Writers' Circle fixed ma wi a challengin glower.

"Actually...Ah think ye'll find at ere's a fair bit tull't." Ah stairtit te reeden aneth the wifie's scrutiny. "An Ah...Ah thocht it micht bi an area wirth explorin."

"Well, we don't really *do* Doric." She rattled a pincil atween er teeth. "And surely it's just a matter of familiarising oneself with the spellings and local dialect."

Ah opened ma moo te disagree, bit in true North-east tradition, nae wintin te draa ony mair attintion te masel, Ah shut it again. Ah wintit te say: *Na, na, ye'r wrang there. Doric's mair then jist wirds an a wye o spikkin: it's an attitude; a wye o life that his te bi lived te bi appreciated.* Bit Ah didna.

Ah teen a sly keek it ma waatch – it wis jist aboot time te pick up faither fir is bleed tests. My faither embodies aa that is North-east: honest, hard-wirkin, gweed-hairtit, broad-spoken an canny. An he's thraan, *sometimes*, non-committal, *aa the time*, an eternally, habitually pessimistic.

He's recoverin fae a hairt attack an his jist 'suffered' a month in hospital, uncomplainin an quaitly resigned t'is condition.

"Ach, Ah'm fine, Ah'm fine," he'll say, bangin is fist against is chest. "Jist helluva short o win."

Ah luv im dearly an although he widna, an cudna, ivver say it, Ah ken he feels the same. He's a maan o fyow wirds, bit fin he dis spik, it's usually somethin wirth sayin.

Faither oan economics: "Ay, wi'v hid it ower gweed fir ower lang; it *canna* laist. Wi'll mebbe aa hiv te dee wi a helluva sicht less." An oan life: "Iv ye flee wi the craws ye expeck te git shot." An, "Fit's afore ye, ye winna gang by an ere's nae a damned thing at ye can dee aboot it." An ma personal favourite oan ambition an gettin abeen yersel: "Ah, jist ca canny! Dinna flee ower hich fir a stairt, ye'll be nearer the grun iv ye faa."

Ah smile, mynin is first hame visit fae the docter. The G.P. hid leent forrit te tak is pulse.

"Ay, ere's nae muckle putt ere." The Aul Maan leukit doon it im wi a smirk.

"There's enough!" concluded the docter.

"Seein es Ah'm aye here, Ah s'pose ere maun bi," agreet the patient wi a wry grin.

"Any other complaints?" The docter steed up. "Anything else you're concerned about?"

"Jist at Ah'm aye rale scuffie o win." He pattit is chest te show far is problim wis.

"And you've stopped smoking?"

"It leuks a bittie like it." Faither noddit it the bare space oan the coffee table. "Ma pipe's teen feet."

"Don't you think that it's all a bit over the top, anyway?" The nasal twang o the wifie sittin in the corner draggit ma back te the present. "In my opinion," she said confidintly, "it's taking it a bit far."

"Fit…fit's at?" Ah felt ma face reeden.

"All this stuff written in the broad Scots." The wifie's pincil scrat, scrattit oan a bittie paper. "I mean, who understands it anyway?"

"Weel, I can!" Ah said, defendin ilky Doric spikkin bodie in the lan. "An Ah think it's vital at wi keep the language o the North-east alive an kickin."

"Oh, come on!" The wifie stairtit te lach, showin aa er fillins. "Who actually goes around speaking like that Robbie Shepherd guy?"

Ah felt ma face flush again in defince o the michty Robbie es the wee knot o aspirin screivers' lachter swalled te full the room.

The feelin o annoyince rummled aroon in ma insides fir the rest o the meetin bit, try es Ah micht, Ah cudna fin the wirds te say fit Ah raelly thocht. Ah wintit the wifie te ken that Ah wis prood te spik the wye Ah div; prood o ma heritage; an likit fine te be the kine o bodie, fa, fin they wint awa, only kent fin they war truly hame again, bi that queer, fine feelin o excitemint in their hairt fin aul Bennachie wis safely within their sicht.

"Fit dis the Doric mean te you?" Ah speered it faither es wi hurled doon te Inverurie Health Centre.

"Weel, noo." He rubbit it the stibble oan is chin. "Ah s'pose... it's fit wi are; fa wi are; far wi come fae an far wi bide."

Ah grinned an noddit: he'd jist summed up aathin at Ah'd wintit te say te the wifie in a puckle weel-chosen wirds.

"Ye'll git in ere." He jabbit a fingir it a space in the line o parkit cars. "HARD ROON NOO! Hard roon."

"Fa's drivin?" Ah said, gweed-humouredly.

"Ye ken, Ah'v gaed near twinty ear wi'oot ivver seein a docter. An noo, weel, Ah'm nivver awa fae the bliddy place."

"Ye shid bi glaid wi hiv a Health Service," Ah said, turnin aff the ingine. "Aa yon peels wid cost ye somethin."

"Ah'v wirkit full time since Ah wis fowerteen-ear-aul. Ah'v peyed weel enuch fir't."

"Aricht! Ere's nae need te git aa up in the air. Ah'm jist sayin – at's a dose o peels ye'r oan."

"It's mebbe a blue peel Ah'm needin," he said, takkin aff is bonnet an giein is heid a scrat. "An anither thing – Ah dinna ken fit wye they insist oan scutterin wi appintmints." He gied a 'tit' an an 'ach'.

Ah sighed, kennin fit wis comin neest.

"They nivver bothered wi appintmints fin Ah wis – "

"Dinna say it!" Ah held up a silencin han.

Ah made mockin moos aroon the wirds at seemed te hing in the air fir an age afore tummlin sweet an familiar fae's lips:

"FIN... AH... WIS... YOUNG!" he roart, is een shinin wi pure divilmint.

An syne wi baith leuch, fine an easy in ane anither's company.

*

"Fit aboot a fly cuppie, en?" Ah speered, es wi cam oot o the docter's.

"Please yersel," sniffit faither, un-committal es ivver.

Takkin that es an 'ay', aff wi gaed te the Dairy fir a 'scone an yon'.

The place wis steerin, an fin Ah evintually gat back te the table wi the fly, faither wis deep in convirsation wi ane o'is cronies.

Meevin a bittie closer te the twa claith-cappit maanies, Ah listened te them spik: broad es ye like; twa retired fairm-servants, fa unnersteed ane anither an a certain wye o life; livin, coloured illustrations o fit ess neuk o the country an its rich heritage means te the folk at bide here.

Ah wintit te rin back an find the wifie fae the class. Ah wintit te say, "At's fit preservin the Doric's aa aboot: folk like them, an folk like me."

Ah turnt awa te hide the grin oan ma face fin aul Jake enquired, "An foo ir ye noo, Bert? Efter yer hairt attack."

"Aye oan the richt side o the sod," said faither, wi a bit lach, "aye oan the richt side o the sod."

Since the story oan the previous page wis written, ma faither his sadly passed awa. Ah thocht the warld o im an Ah miss im ilky day.

This is a wee pome at Ah wrote an read at his funeral service:

A Country Chiel

Country chiel fa wirked the grun,

Syne birled an dunced te tak yer fun.

Fa chaaved in caal, an heat an glare,

In hairstin parks an earth at's bare.

A face weel kent ahin the ploo,

Wi bonnet oan an pipe in moo.

Wi'll miss yer quait an gentle style;

Patient, canny, slow te rile.

Ploo yer furra stracht an true,

Lord, tak this ploughman hame te you.

Fat Chunce

"Ere's jist nae wye ye'r gaun te git aa at inna ere." Eric faaled is airms, smirkin, es Winnie struggilt inte er best puntee girdle.

"Jist waatch ma." A reed-faced Winnie ruggit an tuggit it the wee bittie o fite elastic.

"Iv ye grip it in it ae place, it'll jist come poppin back oot it anither," said Eric, noddin is heid like he kent fit he wis spikkin aboot.

"Shut yer trap!" Winnie gied a deep sigh o satisfaction es the hinmaist lirk disappeart fae sicht. "Ah dinna ken fit ye'r aye girnin oan aboot. Ye gat yersel a rare bargain fin ye mairret me – ilky ear ere's a wee bittie mair." She pulled er frock ower er heid an studied er reflection. "Ye'v shade in the simmer an waarmth in the winter."

"Goad almichty!" Eric steed up an gied er erse a bit skelp. "Ye'r es ticht es a drum. Iv onybody collides wi ye it the waddin they'll stott richt aff again."

"Gie't a rest, Eric." Winnie sighed es she preened a reed carnation tee till the lapel o'is suit jaicket. "It's aricht haein a joke, bit ye jist nivver gie's a meenit's peace."

"Fa's jokin? Ye'v aye bin a bittie oan the hefty side, bit es file ye'v jist bin gettin ootamon't. Ay...," he run is fingirs throwe fit wis left o'is hair, "...ye'r nae jist the best o sichts te waaken up tull."

"Hmmph!" Winnie gied Eric a gweed powk wi the preen. "Ye'r hairdly Mel Gibson yersel first thing o a mornin: nae teeth; breath like a gorilla's oxter an mair lines oan yer aul fizzer then I pit oan in a ear's lottery."

Bi the time the bus pickit em up in front o the Toon Haall it Inverurie, Winnie an Eric war hairdly spikkin.

"Smile, fir Goad's sake," said Eric, es the ancient relic o a bus clankit te a stanstill, "it's a waddin ye'r gaun tull nae a funeral. Ye'v a face like a skelped erse."

"You're the erse," muttert Winnie.

"Are ye nae sittin wi hissel?" Winnie's pal, Rosie, meeved ower aside the winda.

"Ah'd raither sit aside you," said Winnie. "Ah dinna wint te listen te Eric girnin oan. He jist nivver gits aff ma back. Atween you an me," she fuspered, "Ah think he's haein ane o yon 'mid-life crisis' thingies. He's bin makkin ma buy hair dye fae the chemist an he's aiven gaun te yon sunbeds it the tap o the toon."

"Ah did think he wis leukin affa reed aboot the gills," leuch Rosie. "I jist thocht he'd mebbe faan in amon the Cuprinol fin he wis pintin the fince."

Winnie leuch tee, afore addin, "He's aiven spikkin aboot buyin ane o yon motirs wi the reef at faals doon oan a fine day."

"Feel bugger," said Rosie, offerin er a caramel. "Foo's the diet gaun?"

"Nae wirth a damn!" giggilt Winnie, stappin a sweetie inno er moo.

The twa weemin sut in silence, chaaen awa like twa masticatin coos.

"Ah myn *oor* waddin day," said Winnie. "Eric aye his the mark o ma faither's shot-gun atween is shooder blades. Ah cudna see ma feet at day, an Ah still canna."

"Se foo ir you an Casanova gettin oan, onywye?"

Winnie teen a bit smile. There'd nivver bin ony luv loast atween Rosie an Eric: she cudna thole the wye at he aye jumpit oan ilky opportunity te powk fun it folk; an Eric, weel... he jist cudna stick onybody fa hid an opeenion at wisna his.

"Och! Ye ken," she said, brakkin inte er second sweetie. "Same aul usual. Eric tells ma fit te dee – an I dee't."

"Div ye ivver wish ye hidna mairret im?"

"Only ilky ither day," said Winnie wi a grin.

"Ye'd bi better aff oan yer ain, quine," said Rosie. "Since Ah gat shot o Gilbert... weel, Ah ken it's an affa thing te say, bit Ah'v nivver bin happier. He wis a bittie like a naisty dose o athletes fit: stinkin, irritatin an a helluva job te git redd o."

"Fit wye did ye splut up in the hinner-en?" speered Winnie.

"Religious differinces," said Rosie. "He thocht he wis Goad – an Ah didna."

"Me, me, Rosie, ye'r an affa deem." Winnie gied er heid a shak. "Ah ken Gilbert wisna the easiest o laads te pit up wi, bit ere maun bi somethin ye miss aboot im?"

"Ay," said Rosie, efter a meenity's conseediration, "his pey packit. Sairiously, though, life jist cudna bi better: Ah'v gat ma ain hoose an ma independince, an Ah dinna hiv te suffer Gilbert's feet an is fartin; Ah git the hale bed te masel an Ah dinna hiv te pit up wi ony o'is cairry oan."

"Spikkin aboot the 'cairry oan'," fuspered Winnie. "Sally fae Eric's wirk dis yon Ann Simmers pairties."

"Bliddy daylicht robbery they are," interruptit Rosie. "Ye widna see me pairtin wi a tenner o ma hard-earned siller fir a pair o scratty crack-craalers!"

"Weel, ye widna hiv thocht muckle o the affa rig-oot at Eric gaed an trailt hame wi im. He said it wis fae their 'Fantasy Range' an it wis s'post te bi 'erotic'."

"Ay?"

"'Erotic?' says me. 'Mair like traamatic'. Ah'm tellin ye, Rosie, Ah didna ken fidder te lach or greet."

"Ay?" Rosie's moo wis hingin open like a trap door. "Fit did it leuk like?"

"Oh! Ye dinna wint te ken!" said Winnie, haudin up er hans an leukin like she'd steed in dog's dirt. "Ah'v nivver seen onythin se orra in aa ma days."

"Fit did he say fin he gied it te ye?"

"Weel, he jist dumpit is briefcase oan the kitchen table an said, "Ah'v somethin in here at Sally says ye'll like – somethin at'll help ye wi yer mairret life."

"An fit did you say?" Rosie's een war like sassers.

"Ah jist said, "Ye maun hiv hid a helluva job gettin a dishwaasher inna ere."

Baith weemen teen a gweed lach, their shooders shakkin es they tried te control theirsels.

"Jokin apairt, though," Winnie dichtit er een wi er hunkie, "things hivna bin great atween's es file."

Rosie noddit an chaaed; chaaed and noddit.

"Fin the bairns war little, wi nivver hid time te spik. An noo, weel, wi'v aa the time in the warld, bit wi'v naethin left te say.

Ah'v aiven winnert aboot coonsellin – it's a lotta ears te throw awa wi'oot aiven discussin things richt."

"Ah kent gettin yon Sky TV putten in wis a big mistak. Ye'v bin waatchin ower muckle o yon American chat show stite," said Rosie, stairtin te lach again. "Your Eric's nae the 'discussin things' kine."

"Ay, ye'r richt enuch," said Winnie, "the last time Eric an me hid a real convirsation wis aboot 1976."

"Div ye luv im?"

"Fit's luv?" said Winnie, cringin es she listened te Eric bleeterin oan aboot aa is social exploits.

"You tell me." Rosie shoogled er tap plate wi er tung te dislodge a bittie o clairtit oan caramel.

"Weel..." Winnie winnert fir a meenity. "Ah s'pose it's fin ye canna dee wi'oot some'dy."

"At's dependency," snortit Rosie. "Ye'll need te git a grip, Winnie. Ess is real life, nae some story fae the People's Freen: ye dinna aye git the happy endin at ye'd like."

"Fit's you quines yammerin oan aboot?" Eric's fizzog appeart atween the seats. "An is at your jaas Ah see gaun again, Win?"

"It's only a caramel." Winnie regrettit the wirds es seen es they war oot o er moo.

"A meenit oan the lips," grinned Eric, "a lifetime oan the hips."

"Leave er aleen," hissed Rosie.

"Noo, ere's a nice figir." An undettered Eric noddit it a wafer-thin bit blondie lassie fa wis gettin onte the bus.

"Hmmph. At's aa nonsense ower thin." Rosie snortit. "Ere's naethin o er. She's like a bladeless knife wi'oot a hunnel."

"Ah'm gaun back te ma Wechtwaatchers oan Monday," said Winnie, leukin enviously it the quine.

"Ye'll mebbe git te yer target ess time, Win." Rosie pattit the back o er han.

"FAT CHUNCE!" roart Eric. "Ye'r aff yer heid: peyin gweed siller te bi telt at ye'r ower fat – fin I cud dee't fir naethin. She's bin oan ilky diet at wis ivver invintit," he said, te onybody at wintit te listen.

"*Eric.*" Winnie sighed, kennin fit wis comin neest.

"Fin ye think back, Win, ye maun hiv tried aathin," said Eric, leukin aroon. "Ere wis the cubbuge diet; yon green tay rip-aff; the low carbohydrate; the egg ane; yon slim-faist stuffie wi the poodered soup an milk shaks – at micht hiv bin a success, bit Winnie thocht at ye war s'post te hae them *wi* yer denner, nae insteid o. Syne ere wis yon banana diet: naethin bit bananas fir brakfaist, denner an supper – she didna loase ony wecht, bit ye shid iv seen er climmin trees."

"Ay, at's richt," said Winnie, tryin te soun like she didna care.

"An syne wi hid the ane wi the bran an fruit an aa yon roughage. Fit wis at caaed again, Win?"

"The 'F' Plan," muttert Winnie, er face gettin reeder an reeder.

"At's it!" Eric gied er a powk in the shooder. "Wi seen fun oot fit the 'F' wis fir – Ah'd te rise in the middle o the nicht an haimmer tint-pegs inte the neuks o the duvet."

"Jist shut it, Eric!" sput Rosie. "Winnie can loase wecht, bit you'll aye bi ugly!"

Eric pulled a face an craaled awa back t'is seat.

"Ah dinna ken foo ye pit up wi im!" Rosie gied a saitisfeed smirk es Eric sut doon. "Ye deserve better."

"Dinna bi ower hard oan im." Winnie sighed. "Like Ah said afore, he hisna bin imsel. He's bin actin queer kine es file."

"Weel, speer at im fit's wrang. Ye'r entitled te ken."

"Ah did."

"Se fit wis the ootcome?" speered Rosie, stappin anither sweetie inno er moo.

Winnie gied a lang, draan oot sigh. "He jist said he needit is '*space*'."

"Souns sispicious, Win." Rosie nairret er een. "He'll bi up t'is bliddy cairry oan again. You mark ma wirds – he's playin awa fae hame."

"Na! Ah think Ah'd ken."

"Ye think?" Rosie snortit. "Ye didna hae a clue last time... an him rattlin yer neestdoor neebour's heidboard like a sailor oan leave."

"At'll nivver happen again – he gied ma is wird."

"Ah'v telt ye afore, Winnie, his wird's nae wirth tuppens. Iv he can dee't eence, he can dee't again."

"Ay, mebbe," said Winnie. "Bit Ah'm winnerin iv it's mair te dee wi im stairtin te feel is age. Ah shidna raelly bi tellin ye ess... bit he's bin a bittie doon."

"Foo, like?"

"Weel," fuspered Winnie, "last wik, fin wi war spikkin aboot the affa wither wi'd hid, Ah speered at im iv he funcied retirin somewye het... an he suggestit the crematorium."

"Noo, ere's an offer!" Rosie rolled er een. "Ye'r aye makkin excuses fir im, Winnie. Iv he wis my maan, his erse widna touch the grun. Ah'd gie im aa the bliddy space he wintit. Iv ye ask me, ye'r jist feart te bi yersel."

"Ay, mebbe. Bit ir ye nae lonely oan yer ain? Can ye nivver see yersel takkin Gilbert back?"

"Ye are jokin?" Rosie aboot chokit oan er caramel. "The only wye Ah'd spik te yon little gob-shite again is throwe a medium."

*

"Nae dugs alloot!" Eric pyntit it the sign oan the door o the hotel it Dyce. "You winna git in, Win."

"Impidint dirt!" said Rosie, es the bus clankit awa, black rik stemmin fae its exhaast. "Ye'r surely nae gaun te lut im git awa wi at?"

Winnie jist shruggit er shooders: she'd heard the same joke a thoosan times an she wisna aboot te lut it spyle er day.

The bride wis a picter an the service wid hiv brocht a tear t'a glaiss ee. The only black spot oan an itherwise perfeck day wis Eric: bi the time they gat sutten doon tull the denner he wis rale wirse the weer fir drink, an Winnie thocht she wid dee o embarrassmint fin the meenister said the grace an Eric clappit, syne roart, 'Stick in tull ye stick oot!'

Winnie an Rosie didna tak Eric oan es they sut doon it a table wi a bonny fite tablecloot.

"Ere's an affa implemints," said Rosie, pickin up a shiny silver speen.

"It's easy enuch. Ah'v bin te at mony nichts oot wi Eric at Ah ken the drill." Winnie smiled it er freen. "Ye jist stairt it the ootside an wirk yer wye in."

The twa quines suppit the champagne an cream o carrot soup afore tacklin a queer-leukin fishy thing at wis floatin aboot in some kinna wattery broon bree.

"Fit wye ir they comin wi the poodin ariddy?" hissed Rosie, pyntin it fit leukit like a dish o yalla ice cream. "Wi hivna hid wir main coorse yet."

"At's nae the poodin, ye feel. At's a *sorbet* – it's s'post te cleanse yer palate."

"Iv at's the case, wi'd better git Eric twa platefus," scraiched Rosie. "Fir ere's some shite comes oot o his moo."

"Ah dinna ken fit wye folk insist oan gettin mairret in sic funcy places, nooadays," said Winnie, claain oot the wee metal dishie an sookin the speen.

"Ah ken fit ye mean." Rosie noddit er agreemint es the venison main coorse wis plonkit doon afore em. "Ye canna beat a country hotel fir a waddin: hame-made broth or tomata soup; twa main coorses te pick fae; plinty o tatties an a great muckle dish o sherry trifle fir the poodin."

"Hiv ye ony chips, quine?"

Winnie fun er dial reedenin fin she heard Eric's request te the waitress.

"Tak nae notice!" hissed Rosie. "Fin the drink's in – the wut's oot. He's nae hauf showin imsel up."

"At's the real him." Winnie sighed. "He likes te think he's somethin – bit he's naethin forbye. Eric's idea o class is te coup is chipper ontill a plate an poor a tin o Irn-Bru inte a glaiss."

Bi the time the speeches gat gaun, Eric hid crossed the line in the drinks departmint an wisna wirth botherin wi.

"Leuks like himsel's teen reet it the bar," said Winnie, pyntin te far Eric wis stannin booin is elba an newsin up the bit blondie quine fae the bus.

"Best place fir im," said Rosie. "An at leaves hiz free te injoy wirsels."

"Ay, ye'r richt. Iv Eric wints te mak a feel o imsel," Winnie teen a lang swig o er Bacardi Breezer, " fa am I te try an stan in is road?"

*

"At wis a rare band! Ma feet'r killin ma," giggilt Winnie, es aabody wannert oot inte the car park. "Fit a fine nicht wi'v hid!"

"Ay!" Rosie noddit. "Espeeshully eence wi gat shot o aul misery guts."

"GIT LOAST! Ah can waak masel."

Winnie turnt roon te see the objeck o Eric's attintions, shovin awa is han es he tried te help er up the steps o the bus.

"Dinna bi like at!" He leukit dejectit.

"GIT ESS, AUL MAAN!" roart Blondie, punchin a neive inte's shooder. "Ah widna powk you wi a lang stick."

Winnie gied er heid a shak es Eric, nae ane te bi easy putten aff, leent forrit an fuspered somethin in the quine's lug.

"Aneth yer spell!" She skirled wi lachter. "Ah'd hiv te bi aneth an anaesthetic te hae onythin te dee wi you."

Eric jined in wi the joke, bit Winnie cud tell at he wisna amused.

Winnie waatched es the soor faced driver tried te git the aul wreck stairtit. His face wis like thunner es he climmed oot ower an lut bleeze it the ingine wi a lang-hunnelled brush. It splootert inte life an aabody fussled an cheered.

"Onybody spewes," he said, furlin roon in is seat, "an it'll cost em fifteen poun fir the cleanin."

There wis great hilarity oan board es the ramshackle conveyance, hotterin an bangin, dirdit in the road.

"Ir ye nae singin the nicht, Rosie? Ye'r affa quait." Winnie turnt roon jist in time te see er freen cowkin an spewin in ower er bonny blue hat.

"Ohhh!" she groant, fishin er falsers oot o the bonnet.

Winnie rubbit Rosie's back, waatchin es the contints o the hat slooshed back an fore wi the meevement o the bus.

"Did the driver see ma spew?" she speered, teetin ower the tap o the seat.

"No, Ah dinna think it. Quick! Ye'll jist hiv te throw't oot," said Winnie, stannin up an raxxin ower te open a side winda.

"Ye'r jokin! Ess hat cost ma near forty poun." Rosie dichtit er moo oan the back o er han an steed up oan er seat. "Haud onte the tail o ma frock an Ah'll teem't oot."

A rousin chorus o *Stop the Bus Ah Wint a Wee Wee* wis struck up jist es the spewins spleetered ben the bus winda.

Winnie steed up an leukit oot inte the nicht, lachin it the sicht o the line o young loons stannin watterin the grass verge.

"SIT DOON, Winnie! Ye'r fullin the aisle – ye'v an erse like a district nurse."

"Shut yer trap!" Her face wis the same colour es er flooer es Eric roart ben the bus.

"Touchy! Touchy! Iv ye dinna like the wye ye leuk, dee somethin aboot it." Eric steed up an haaled up is briks. "Tak masel – Ah'v nivver bin mair nor eleeven-an-a-hauf steen aa ma mairret life. It's aa aboot moderation an self-control."

"You're nivver at wecht." Rosie shot t'er freen's defince. "Ye'v a gweed belly oan ye yersel."

"At's aa muscle." He punched a han against is girth. "Div ye like ma six-pack?"

"Mair like twa paps," keckled Rosie.

"Ess briks hiv a thirty-fower-inch waist, ye pysonis bitch."

"G'wa!" She powkit a fingir it is belly. "At's yer bliddy hip mizzerment." She leent ower an grabbit the spare bit o cloot at hung it the backside o'is suit briks. "Leuk it the state o ye, stannin ere like yer erse his faintit in yer troosers."

Aabody in the bus leuch an Eric stairtit te leuk rale riled.

"Ay, Eric," said Winnie, "it's nae se funny fin the joke's oan you." A queer kinna calm cam ower er es she leukit it er maan fir fit seemed like the first time: somewye alang the line his ballyraggin hid turnt inte bullyin, an fit hid stairtit oot es hairmless banter hid curdled inte contempt.

"Hiv ye heard aboot the time fin Eric saved up fir sax month fir a shell suit?" She leukit aroon it er captive aadience. "He bocht ane oan the Monday an they gaed oot o fashion oan the Thirsday. Eric's offert te buy ma an eternity ring – bit Ah jist said, eternity's an affa lang time, an Ah'm nae se sure Ah wint te bi spennin it wi you. Oh! An hiv ye noticed at Eric's gat affa short leggies. Fin Ah tak up is briks, Ah jist hack em aff bi the knees an they fit perfeck."

"Ye shid bi oan the TV, Winnie," sput Eric. "Ye'r a loss te stand-up."

"Ay, an, mebbe, Ah shid hiv steed you up lang ago," said Winnie, es the bus lurched inte the Square it Inverurie.

"Ah'm nae comin hame te listen te ony mair o ess stite." Eric leukit relieved es aabody gat oot ower the bus. "Ah'm awa roon te see ane o ma mates. Ah ken o a pairty."

"Please yersel, ye selfish divil!" skirled Winnie. "Ye can dee fit the hell ye like. It winna bi the first time Ah'v waakit up the road masel."

"You tell im, quine! He's ruled the roost fir ower lang. Myn an gie's a phone."

Winnie smiled es she waatched er pal styter awa in the direction o hame, only stoppin te grin, wave, syne clap er hat back oan er heid.

An she wis aye smilin es she loadit aa Eric's claes an sheen inte a battered blue casie an haived it oot it the front door. It lay in the meenlicht, ae airm o a purple an green shell suit trailin oan the pathie. She pickit up a black marker an screived 'Enjoy yer 'space'' oan the lid.

Winnie lockit the door an dialled Rosie's nummer.

"Div ye ken fit time it is?" grummled Rosie, es she liftit the phone.

"Ay, fine at," said Winnie. "It's time fir a chynge. Ah'v jist loast eleven-an-a-hauf steen o unsichtly flab. Ah'll tell ye aa aboot it fin Ah se ye."

Fa's Deed?

"Ye'll nivver guess fa's awa!" Ina cam breengin throwe the door. "Oh! Ah jist canna believe it! Ah wis jist spikkin t'im twa, three days syne."

"Fa's deed?" Jock leukit up fae spreadin is butterie.

"Onybody Ah ken?"

"Alec." Ina dumpit er shoppin bag doon oan the kitchen fleer. "Alec Mutch."

"Na!" Jock lickit the butter aff is knife an steered is tay wi't. "Ah wis newsin t'im last wik it the boolin, an he wis es richt es rain. Fa telt ye?"

"Maisie, oan the caal meat coonter it Tesco's. She bides ower the road fae Nellie an Alec."

"Ir ye sure ye heard er richt? Yon Maisie's an affa bleeter o shite."

"She widna bi makkin up a thing like at."

"Ay, ye'r richt, an ere's nae muckle at Maisie disna ken." Jock scrattit is heid. "Ah still canna believe't, like – Alec wis leukin gran, he wis aiven spikkin aboot him an Nellie takkin a coach trip te Blackpool. Gweed Goad, though, at's a bittie mair then a holiday – at's mair o a wan wye tickit."

"He'll bi missed doon it the boolin club." Ina sighed. "He's ane o wir star players."

"Ah ken, an wi'v at big match comin aff ess wik-en."

"Aye...," Ina gied er heid a shak, "ye'r nivver sure."

"Ye'r nae wrang ere," agreet Jock.

"Fit's sair?" speered Ina. "Ah hope ye'r nae plannin oan comin oot in sympathy wi Alec. Div Ah need te leuk oot the insurance policies?"

"Ah'v naethin sair." Jock pulled a face. "An Ah think it's time ye gat yer lugs muckit oot again. Did ye ivver mak an appintmint te see aboot a hearin aid?"

"Ere's naethin wrang wi ma lugs. Ah'd bi aricht iv you'd spik up insteid o mutterin an mummlin aa the time."

"Ach, jist firget it!" Jock steed up an threw is knife in ower the basin. "Ah dinna ken foo ye'r se bliddy thraan aboot it. Ye miss an affa lot, Ina. Ye'll git yersel in trouble, yet. Ere's nae affront in admittin ye'r deef, ye ken."

"Fit's at?"

"Corn beef – DEEF!" roart Jock.

Ina steekit oot er tung ahin is back. *Mebbe Ah am a bittie 'corn beef'*, she thocht, *bit bidin wi you, at's mebbe nae aye a baad thing.*

"So fit happened te Alec, en?"

"Weel, Ah'm nae athegither sure. Ere wis a great lang queue it the caal meat coonter an Maisie didna hae muckle chunce te spik. She jist telt ma fit she'd heard fae the neebours."

"Ay?" said Jock, loasin patience. "An fit wis at?"

"She jist said it hid aa happened yisterday fin Alec wis wirkin ootside. He'd bin deein aul Mrs Florence's girse, an syne he'd climmed up oan the waa te pit up er hingin basket. In fack, it wis her at phoned the ambulance."

"Wis it is hairt?"

"Ah ken naethin aboot it," said Ina, haudin up er hans. "Aa Maisie said wis at Nellie hid hid an affa aifterneen: fit wi sittin er drivin test an syne comin hame to fin oot at her Alec hid passed awa. The peer chiel wis lyin aa is lenth in neest door's gairden."

"Did she fail er test again?"

"Ay…ay…Ah think so." Ina noddit. "At maun bi er fifth shottie."

"At's a peety – iv she'd passed, it least she'd hiv gatten the gweed o Alec's new Punto."

"Is at aa ye can think aboot?" said Ina, giein im a glower. "Nellie's loast er maan, an Ah'm sure she's gat mair oan er myn then rinnin aboot in is motir."

"Oh ay, Ah ken at," said Jock, leukin a bittie affrontit. "It wis jist a thocht. Ah…Ah wis jist bein practical."

"Se fit div ye think Ah shid dee?" Ina stairtit te pit awa er shoppin. "Wull Ah pit a sympathy caird, or phone…or fit? Ye ken, wi'v bin gaun boolin wi Alec an Nellie fir a lang time…mebbe wi shid jist nip roon an see er jist noo."

"Ah think wi shid jist wyte tull it's in the papers. Ye dinna wint te jump the gun, it cud easy say nae cairds or veesitors." Jock gaithered aa the crumbs fae's butterie inte a wee heapie an glowered doon it the table. "Onywye, ye ken Ah dinna like spikkin aboot daith. An Ah dinna funcy gaun roon te the hoose – Alec's mebbe lyin it hame in is boxie."

"Ah jist feel at Ah wint te dee *somethin*. It's sic a shame," sighed Ina. "The bools winna bi the same wi'oot Alec." She steed up an leukit oot the kitchen winda. "Ah winner fan the funeral'll bi?"

"Div ye think it'll bi a pluntin or the het-hoose?" speered Jock.

"Foo shid I ken?"

"Ah canna believe at Motirmooth Maisie wisna able to full ye in oan aa the details. She's fair luttin ersel doon – she usually kens the ins an oots o aathin."

Jock scrapit back is cheer an steed up aside Ina, leukin oot the winda.

"Ye aricht, Jock?" Ina pit a han oan is airm. "Ir ye thinkin aboot Alec?"

Jock noddit. "Ah'm jist winnerin fit Nellie'll bi deein wi's bools."

"JOCK!" Ina gied im a witherin glower. "Div ye nivver think aboot onybody bit yersel?"

"Oh, Ah'm jist funnin. Ah didna mean ony hairm." He held up is hans. "Dinna git yersel aa wirkit up."

"Ah'm gaun awa doon the toon te clear ma heid," said Ina, pullin er jaicket aff its peg. "Ah'll see ye later."

*

Ina cudna help thinkin aboot Nellie es she wannert roon the shops. "Ah'll jist nip in here an git a wee sympathy caird," she said, pushin open the Post Office door.

Ina leukit up an doon the raas o cairds. *Gweed Goad*, she thocht, *ere's ane fir aathin: births, mairrages, daiths; anes fir passin yer exams; anes fir leavin a job an stairtin a new ane –*

"Can I help you?" A vyce interruptit er thochts.

"Sorry, fit's at ye'r sayin?" Ina smiled it the quine ahin the coonter.

"Are you looking for something in particular?" speered the lassie, comin roon te stan aside Ina.

"Ay, bereavement cairds, please."

"These are all we have," said the quine, pullin oot a puckle cairds an showin them te Ina. "I'll leave you to have a look at them."

"Thunks verra much." Ina flickit throwe the cairds: they didna hae an affa great selection an the anes they did hae war gey dull an aul-farrant. She sighed es she pit them back oan the stan. "Noo, here's a rale bonny ane," she muttert t'ersel, pickin oot a caird wi a wee pink flooerie an the wirds *Thinking of you* oan the front. "Nellie'll like ess, she luvs er flooers."

Ina's een fullt es she jined the queue at snakit up te the till. "Ah'll hae a first class stump, an aa, please." She peyed fir the caird, syne raikit in er hanbug fir a pen te write it oot.

Dear Nellie,
Just heard the terrible news about Alec.
Will be round to see you soon,
Jock and Ina

Ina gaed inte the flooer shop neest door an bocht a bonny bunch o pink roses. Back ootside, she sighed an beeriet er face in their sweetness.

"Fit like, Ina?"

Ina leukit up te see Maisie fae caal meats comin spangin ben the pavement. "Ay, ay," she said, wi a smile. "Ah'm jist gaun te post ess wee cairdie te Nellie te lut er ken at Jock an masel war affa sorry te hear aboot fit hid happened te her Alec"

"Ah'm sure she'll appreciate at. Tell ye fit, Ah'm oan ma road hame. Ah'll stick it throwe er door."

"Wid ye?" Ina leukit doon it the blooms in er han. "Cud ye gie er ess flooerie, an aa?"

"Nae bother." Maisie grabbit the bouquet an gaed awa scurryin up the street.

Ina trailt roon the shops fir a file afore takkin the toon bussie back up the road.

*

"At's me hame!" cried Ina, closin the door ahin er wi a bang.

"Ir ye in ony better humour?" Jock wis sittin it the kitchen table readin the evenin paper. "An did ye mak at appintmint fir yer lugs?"

"No! Ah didna."

"It's jist es weel at I did, en," he said, slappin a wee squarie o paper doon oan the table. "Ah waakit doon te the Health-Centre the time ye war awa. Ah hid te dee somethin – things ir gettin oot o han – ye'r es deef es a bliddy post."

"It's you fa's oot o han, mair like," snappit Ina. "Hiv ye ivver thocht at bein deef micht hae its advuntages? It least Ah dinna hae te listen te you rummlin oan aa day."

"Ah met in wi Maisie oan my wye up the road," said Jock, nae takkin er oan. "She wis delightit te fill ma in oan aa the gory details aboot Alec. Oh ay, an Ah near firgot, ye'd a phone caall fin ye war oot."

"Fa wis't?"

"Nellie. She wis phonin te thunk ye fir the flooers an caird at ye gat Maisie te deliver. She said te tell ye at it wis richt nice o ye."

"Imaagine takkin the time te phone me, an her jist loast er maan. Ye ken, they'v bin mairret fir near forty ear, she maun bi broken-hairtit. Ye can say fit ye like, Jock, bit Ah'm gaun roon te the hoose te see er the nicht – Nellie needs er freens roon er it a time like ess."

"Ere's nae need."

"Foo?"

"She's comin roon here te see ye. She wints te tell ye aa aboot fit happened."

"Roon here! Fit time's she comin?"

"In aboot...five meenits," said Jock, noddin it the kitchen clock. "Bit afore she gits here, Ah'v twa questions fir ye."

"Ay?" Ina didna like the wye at Jock wis leukin it er: a kinna mixter o amusemint an disgust. "First question. Fit did ye buy it the caal meat coonter ess mornin?

"A fyow slices o chucken," said Ina, efter a meenity's thocht, "an a bittie biled ham."

"Ir ye sure it wisna CORN BEEF?" shoutit Jock, stairtin te grin, es a fite Punto pulled up ootside.

"It's Nellie! She's here." Ina teetit roon the neuk o the kitchen curtins, er moo drappin open es she saa Nellie git oot o the driver's seat an open the passenger door. "Nellie's drivin! An...Alec...Alec's livin," she cried, er een widenin in winnermint it the sicht o Alec strugglin oot o the back seat – resurrectit fae the deed, wi a muckle stookie oan is leg an a pair o crutches wedged aneth is oxters.

"Second question," said Jock. "Fin ye spoke te Maisie ess mornin, fit exackly did she say?"

"Ah'v telt ye ariddy. She...she...said at Nellie hid sut er drivin test an Alec's passed awa."

"NO! Ye deef aul divil," roart Jock, "at's nae fit she telt ye ava. She said, 'NELLIE'S PASSED ER DRIVIN TEST AN ALEC'S FAAN AFF A WAA!'"

Tea in the Mart

*Some folk say at ere's a lack o romunce at's inherent in the
North-east maan: an inbuilt aversion te showin is true feelins
or pairtin wi yon three wee wirdies at mean se muckle. He's
aye mair willin te criticise raither then praise: nivver a 'Weel
deen!' or an 'Ah'm richt prood o ye!' An espeeshully nivver a
'Darlin, ye leuk wonderfil the nicht,' fin an 'Ay, Ah s'pose ye'll
dee' wull suffice.*

*Which brings ma te the tale o Isobel an Davie Duncan fa
wirk a sma craftie aside Oyne: bondit thegither bi near twinty
ear o maistly luvin memories; twa teenage bairns; a muckle
mortgage an a lang stannin pension plan.*

"Fit d'ye think, en?" Isobel steed up in the middle o the fleer.

"O fit?" Davie leukit ower the tap o'is paper.

She gied im a witherin glower. "It's ma new frock fir the
morn's nicht. Ye div myn?" she said, rale sarcastic like. "At
meal wi the faimly, at *I* orginised fir *oor* anniversiry."

"Iv coorse Ah myn," said Davie. "Foo wid Ah nae?"

"Fit's the verdick, en?" She run er hans ower er ample figir.

"Ye'r differint." He scrattit is heid. "Surely nae se sturdy
like."

Isobel faaled er airms.

"Ah *ken* fit it is!" He duntit the flat o'is han aff is broo.
"Ye'v oan yer Hairvist Festivil draars – Aall is Safely
Gaithered in."

"Jist firget it!" snappit Isobel.

"Ah'm jist funnin wi ye." He smirkit again. "Ah'v seen
waar. Ay, a helluva sicht waar."

"Wid it bi aa that sair te pey ma a complimint noo an
again?" She sighed an steppit oot o the frock. "Ye nivver ivver
tell ma at ye luv ma."

"At gangs wi'oot sayin," said Davie. "Ah'm aye here, amn't
Ah?"

Isobel's een fullt es she thocht aboot er best pal Kathleen:
her maan, Roddie, wis aye buyin er somethin, or leavin wee

luvvy-duvvy noties aa roon the hoose. Bit Davie hid nivver bin ane fir romunce: nae fir her the dizzen reed roses, or the caird wi the sappy verse. *Ay*, she thocht, *iv Ah wint a sirprise, Ah'v te orginise it masel.*

"Ah'v gat wir tickits fir the nicht's dunce it Thainstin," said Isobel, hidin her annoyince.

"An div ye nae think at twa nichts oot oan the trot is jist comin't?"

Isobel didna tak im oan.

"Fa's playin, onywye?" Davie gied the paper a shak.

Isobel pickit up ane o the tickits. "They're caaed *'Bankrupt'*."

"At's fit Ah'll seen be."

"Och! G'awa wi ye. It's aboot time ye stairtit spennin some o yer siller. Ye canna tak the bliddy stuff wi ye."

"Ah'll hae't shewn inte the erse o ma briks, en."

The verra thocht seemed te cheer Davie up, an he faaled up the 'P& J' an treatit Isobel te a smile.

She sut doon aside im an said, "Ah winnert iv wi micht gang oot fir wir *tea* afore the dunce? Ere's a restaurant it the mairt at Ah funcy gaun tull."

"Ah'm nae haein ma tay in the mairt." Davie turnt up is nib. "Imaagine the stink!"

"Fit stink?"

"Sharn!" He pyntit it the clarty waldies ahin the ootside door. "Ah git enuch o at oan the fairm."

"It's up a stair – ye cudna fin a stink fae ere."

"Stink rises," muttert Davie.

Isobel teen a deep breath, kennin at fit she wis aboot te say neest wid fair git Davie's dander up. "Roddie an Kathleen hiv bin. Roddie said it wis affa nice, an rale reasonable."

Davie's dial grew aa reed an is broos meeved up an doon like a muckle orange caterpillar it the mintion o Roddie Fleechem, the car salesman.

"Ah ken ye'v nivver bin aa at keen oan Roddie," said Isobel. "Bit es file back ye'v teen a byordnar ull-wull it the maanie. Fit's he ivver deen te you?"

"Ah jist canna stick im, at's aa."

Isobel sighed an tittit, mynin foo aff-han Davie hid bin wi Roddie fin they'd met in wi im in Aiberdeen.

"Ay, ay, min, fit'r ye up tull?" Isobel hid spyed Roddie stannin it the check-oot o a funcy claes shop it the heid o Union Street.

"It...It's jist a wee somethin fir Kathleen." He'd happit a rale risqué-leukin set o reed underweer wi's airm afore pyntin te a bonny yalla frock lyin farrer ben the coonter. "Ye ken foo she likes er designir labels."

Isobel hid fun ersel gaun near green wi envy: er ain wardrobe owed mair te the Reed Cross shop then ony o yer 'Goochee'.

"Ye winna spyle ma sirprise?" He winkit it Davie an flickit an imaaginary speck o stew fae the airm o ane o yon dear-leukin suits wi the bra shine oan em.

"Ye'r surely aye gettin rid o a motir or twa," said Davie, is een sattlin oan Roddie's chunker o a gold bracelet an the muckle ring oan is fingir. "Ye'r aye splashin yer siller aboot."

"Canna complain," said Roddie, "ere's aye plinty gaun oan."

"Ah'll bet," muttert Davie, jist hich enuch te bi heard.

"Cud ye nae jist hiv bin civil?" Isobel glowered it the dash es the aul Fiesta dirdit oot the road.

"Jist drap it!" shoutit Davie.

"Ye'r jealous!" She twistit roon te face im. "At's fit's wrang wi ye."

"Fit ye oan?" he roart.

Isobel persistit. "Jist cis Roddie Fleechem kens foo te treat a wumman."

"Is at richt, noo?" Davie rippit up the gears.

Isobel teen a bit smile t'ersel es she mynd foo he'd sulkit aa the wye hame.

*

Durin the aifterneen, Isobel gat roon Davie an he phoned an bookit a table fir twa. An much te Isobel's astonishmint, he riggit hissel fir their nicht oot wi'oot ony fuss; an fin they gat oot ower the taxi it the mairt, he aiven peyed-up wi'oot complainin.

"Oh, Jesus! Leuk fa's here." Davie noddit it far Roddie an Kathleen war ariddy sutten doon it a table aside the band.

"Dinna leuk ower," said Isobel. "Wi'll jist haud stracht up the stair."

"Ye'r affa quait." Isobel pokit it er Steak Diane an leukit aroon the restaurant. "Fit's wrang?"

"Och, it's jist at Ah wisna expeckin te meet in wi Roddie an Kathleen doonstairs."

"Wi dinna hae te sit aside em fir the dunce. C'mon, Davie, tell ma fit's aetin ye?"

"It's nae Kathleen. It's him." Davie dooned is fork. "Myn yon frock at wi coppit Roddie buyin?"

"Ay?"

"Weel, the neest time Ah seen't, yon bit blondie secretary o his wis weerin't. Fit's waar, it wis inside-oot an back-a-fore."

"Nivver!" Isobel clappit a han ower er moo.

"Ah made up at hinmaist bittie," said Davie, takkin a bit lach. "Bit Ah'v kent aboot the twa luvburds es file. Ah jist didna wint te steer the dirt. Ah thocht it micht blaw by. Ay," he leukit richt disgustit, "things are nae aye fit they seem."

"Peer Kathleen," gulpit Isobel, "a thoosan 'Ah luv yis' cudna mak up fir at."

"At jist myns ma." Davie haaled is anorak aff the back o'is cheer. "Ess'll, mebbe, stop ye girnin."

Isobel's een lichtit up es he opened is han te reveal a gold ring set wi a bonny reed steen.

"It wis ma mither's," he said. "Div ye like it?"

"Oh! Davie!" Isobel sniffit an slippit it oan t'er fingir.

"Noo dinna stairt at bubblin an greetin." Davie leukit fair affrontit, is een sayin aa that he cudna.

"Lut's mak a toast." Isobel liftit er glaiss. "Here's te true luv!" she said, es their lips met ower the sweetist o kisses. "Ay," said Davie, is lugs firin up te match is reed heid, "fitivver."

A Celebration o the Doric

"Ay, Ay! Fit like? Foo ye deein, quine?"
"Och, Ah'm chaavin awa an Ah'm deein fine."
"It's bin a filie, foo hiv ye bin?"
Fa? Far? Fit? Fin?

The convirsation flees thick an faist,
Fluent in the tung at wi ken best.
Wi stan an stan an wi news awa,
Foo's sic an sic? Ay! Nivver? Na!"

"Wi'll see, en, quine, Iv ye'r gaun aboot."
"Ay, come roon fir yer fly, Ah'll mak sure at Ah'm oot."
At's the North-east bodie's droll, dry wit;
It's the wye at wi are an the wye at wi spik.

Se file ere's bleed in yer veins an breath in yer lungs,
Come oan an celebrate oor ain gweed tung.
Wifies, maanies, loons an quines,
Bi prood o the Doric - yours an mine.

Puffin Billy

*Winner of the Buchan Heritage Festival 2003
Senior Doric Writing Category*

*Ere's ae thing at the North-east bodie jist canna thole – an at's
a blaw. It's aricht te git oan, an aiven te hae a suppie siller, es
lang es ye dinna stairt puffin an blawin aboot it.*

"Ye'd better git yer fingir oot, Sandy," said Jinny, "or else
Puffin Billy'll bi pittin oot a search pairty fir's."

"At's a gweed name fir oor Billy." Sandy leuch an ruggit it
the knot oan is tie. "He's a bigsy bugger."

Jinny noddit er agreemint.

"Ah'v kent Billy Grunt fir ears," said Sandy, spittin oan is
han an clappin doon the lang stran o hair at happit is baldie
spot, "an he's aye bin a bittie o a blaw, bit es file back he's bin
gettin waar. Aa he dis, nooadays, is rummle oan an oan aboot
fit he's deein, far he's bin, an foo muckle he's makkin." He
gied a lang, draan oot sigh. "Te tell ye the truth, he's a bit o a
sair-erse."

"An is better-hauf's nae far ahin im." Jinny squirtit a suppie
o er *Eevees Sint Laarant* perfume ahin er lugs an doon er
cleavage. "Eileen invitit ma fir ma fly last wik bit, fin Ah
waakit in, Ah fun oot at aa er neebours war ere an aa."

"Se fit did she hae te show aff?" speered Sandy.

"Fit did she nae hae?" Jinny snortit. "She's er hoose aa
decoratit *again* – aathin spleet-new, funcy designir stuff,
stracht oot o some o yon magazines she aye his skittered ower
er coffee table. Weel," she gaed oan, "*blaw* – ye'v nivver
heard onythin like it: ere wis sic a win gat up, Ah thocht Ah
micht hiv te ging ootside an throwe a taarpaalin ower er reef."

"Och! Ah ken fit like," said Sandy. "It's bin like at ivver
since Billy bocht yon muckle hoose an meeved fae Maad te
Milltimber. Dinna git ma wrang." He held up is hans. "Ah'm
nae neen green. Iv he jist widna craa aboot foo weel he's deein:
ere's naethin mair orra then spikkin aboot siller."

"Och! Nivver myn im," said Jinny, clappin the back o'is han. "Billy's jist a bliddy feel."

"He's at aricht." Sandy noddit is heid. "An ere's jist ae thing waar nor a feel – an at's a feel wi siller."

Jinny grinned t'ersel: Sandy didna suffer feels glaidly; he didna mince is wirds an is wutty pit-doons war legendiry.

"Leuk it the size o the place! Cud Billy hiv pickit onywye funcier?" mumphed Sandy, es he swung the aul reed Citroen inte the car park it Meldrum Hoose "He's mair siller then sinse. Ah'v a gweed myn te tell im fit Ah think."

Jinny shuddert an prayed at Sandy widna show er up again, er dial reedenin es she thocht aboot the last nicht oot they'd baith bin at: a gypit, scraichin bitch o a wifie hid fair riled Sandy wi er feelness, an he'd loast the heid wi er an roart, "Goad almichty, wumman, iv brains war birdshite, you'd hae an impty cage."

Inside, Billy an Eileen war ariddy suttin doon. "Here's ma maan noo! Come awa an jine's, Sandy," shoutit Billy.

"Fit like the nicht?" Jinny smiled it Eileen an syne it Billy, fa wis leenin back in is cheer an hingin inte a muckle broon cigar.

"Ah wis beginnin te winner iv the aul Citroen hid lut ye doon again?" he said, blawin a ring o rik inte the air.

"Na, na," said Sandy, "she's gaun gran."

"Shid git yersel a decent motir, Sandy, maan." Billy teen a lang draa o'is cigar.

"Ye canna beat the B.M.," said Eileen. "Rins like a dream."

"Ah teen the liberty o orderin a decent wine fin wi war wytin," interruptit Billy. "Ah didna ken fit wi'd bi aetin, se Ah gat a bottle o reed an fite."

"Ah tak it *Ah'm* drivin back te Maad, en." Jinny opened er menu, waatchin es Sandy teen a sly keek it the prices oan the wine list.

He leukit fair uncomfortible es the wine waiter cam roon an Billy tastit baith the wines. Billy slooshed the reed aroon in is moo fir a file, afore pittin oan a pan-loaf vyce an sayin, "That red's a cheeky little number."

"Chiky!" snortit Sandy. "It at price, it's gat a bliddy impidence!"

"Ye git fit ye pey fir, Sandy," Eileen gied a reed-faced Jinny a condescendin leuk, "an Billy kens is wine."

"Ah myn fin you eesed te bi a real stovies, beetroot an a glaiss o milk, kinna laad," said Sandy. "Ay! Things hiv fairly chynged since ye meeved inte the Toon."

"Milltimber," said Eileen, er moo aa grippit like she wis sookin a lemon. "An ye'r richt, things hiv fairly chynged – an aa fir the better."

"Ah like yer ootfit, Eileen," said Jinny, anxious te chynge the subjeck. "It's affa bonny. Ah saa somethin jist like it in Markies."

"Ah dinna think so, Jinny." Eileen cam awa wi ane o er patronisin leuks an tossed er bottle blone curls. "It's a (she made rubbits' lugs in the air wi er fingirs) 'Versace'. Myn you, ye'd bi wastin yer time weerin designir claes in Maad – they widna ken iv it wis Calvin Klein or clubbie."

"Lut's tak a leukie an see fit's oan ess menu," suggestit an affrontit Jinny, nae likin the wye at the convirsation wis gaun, or the dangerous leukin glint in Sandy's ee.

*

Efter aboot hauf an oor, the waiter cam wi the denner. He'd a fite toolie faaled ower ae airm an he didna hae a singil hair oot o place. He'd a raa o gleamin teeth an is sark an troosers leukit like they'd bin sprayed oan.

"Thunks verra much." Eileen gied im a freenly smile es he sut er plate doon afore er.

"Enjoy!" he said, turnin an mincin awa.

"Fit a perjink, natty wee maanie." Jinny's een follaed im es he disappeart throwe the swing doors.

"He's ower perfeck," said Sandy. "Iv ye ask me, he leuks a bittie 'yon wye'."

"Fit div ye mean?" Eileen leukit miffed. "Ah ken at laddie's mither."

"Ah'm jist sayin, Ah widna winner iv he's, mebbe, battin fir the ither side. Ye ken fit Ah'm gettin at – the kinna laad fa likes a bitta the – "

Sandy wis stoppit in mid-sentince, bi a pooerfu hoof in the shins fae Jinny.

Eileen hid a steak wi some funcy saace; the maanies baith hid a peer leukin chuckeny craiter at caaed itsel a poosan an Jinny hid the *Duck with a drizzle of plum sauce served on a bed of crispy seaweed.*

Her face drappit fin she saa er plate: the seaweed leukit fir aa the warld like a hanfu o silage an the wee suppie deuk wis heapit up oan tap o't, wi the plum saace trailt aa roon the ootside.

"Ess thing leuks mair like a bliddy budgie te me! Fit an affront te a maan o ma size." Sandy glowered doon it is denner. "At's fit Ah canna stan aboot aa yer posh places – ere's aye mair plate then maet." He leukit aroon afore addin, "Ah hope ere's tatties."

Jinny prayed at Sandy widna say onythin else es the waitress cam ower wi a silver servin dishie wi a wee pucklie broccoli, caaliflooer, piz at war aye in their pods an twa or three boolies o tatties at rolled fae ae side o the dish te the ither.

"Leuks like wi'll mebbe hiv te ging in by the chipper oan the wye hame fir a black puddin chaser." Sandy teen a scoof o'is wine an winkit it the waitress.

Jinny trampit oan is taes aneth the table: he'd obveesly firgottin the affa sedarin at she'd gied im oan the wye hame fae their last nicht oot.

"So, Jinny, aye wirkin awa it yer aul folkies hame?" speered Eileen.

"Oh ay, aye there." Jinny forkit a tattie. "An yersel, hiv you a jobbie?"

"Mercy no!" Eileen leuch oot lood like it wis an ootrageous notion. "Fit wi ma meals an wheels duty eence a month an aa ma beauty therapies, ere's jist nae enuch days in the wik." She chaaed a moofu o er steak, afore sayin, "Ah'm studyin piana it a meesic skweel in the toon an Ah'v aiven munuged te persuade Billy te jine ma theatre club."

Jinny sighed t'ersel: she'd nae hope it aa o gettin Sandy te bi cultured – his idea o entertainmint wis te play 'Flooer o Scotland' oan is oxter wi is han.

"Injoyin yer meal, Sandy, ma maan?" Billy toppit up is wine glaiss. "Ah'm a bittie o a reglar here, nooadays. Ah tak a runnie ower maist wiks fir a roon o golf. Ere's a gran coorse, an it's aye a fine place te dee a bittie buzness."

"An foo is buzness?" Sandy downed a hale glaiss o wine in ae swally.

"Weel, ye'll ken bi ess." He pulled up the sleeve o'is sark te show Sandy is gold Rolex. "Ah steed masel anither waatch fin Ah wis doon Sooth a fortnicht syne. Myn you, ma stocks an shares ir nae deein wirth a damn. In fack, Ah'm meevin a lot o ma capital aboot eyvnoo – shiftin siller inte safer bets, like, jist tull the market stairts leukin up."

"An, onywye, it's nae a gweed idea te hae aa yer eggs in ae basket," interruptit Eileen, leukin it Sandy an syne it Jinny. "Billy's thinkin o pittin twinty thoosan inte Premium Bonds."

"Oh weel, ye nivver ken yer luck," Jinny garred ersel smile, "ess neck o the wids hiv bin rale lucky es file."

"Ay," muttert Sandy, "siller maks siller. An em at his, aye gits mair."

A steeny silence descendit ower the proceedins an Jinny fun ersel comin oot in a swate. Sandy hid downed the best pairt o a bottle o fite wine an she kent bi the leuk oan is face an the set o'is jaa at he'd hid aa at he cud thole o Billy's puffin an blawin.

"Ah'm sorry iv Ah'v offendit ye, Sandy, maan. It's jist at Ah firget at wi meeve in differint circles nooadays." Billy poored oot the lave o the wine. "It maun bi helluva fir you anes te hae te listen te me gaun oan aboot foo weel Ah'v deen fir masel. Se jist tell ma iv Ah'm bein tiresome."

"TIRESOME! Bi Goad!" explodit Sandy. "Billy, *ma maan*, ye cud bore an erse-hole in a widden horse!"

The McGregors in Majorca

"Wi'll hae te mak up wir myns afore lang." Joyce McGregor sut oan the settee flickin throwe a pile o glossy holiday brochires. "Jist tak a leuk it some o the places ye can gang: the sky's bonny an blue an the beaches jist leuk rare."

"Ah dinna ken fit ye'r wastin yer time leukin it em fir." Morrice McGregor teen is een aff Friday Sports Scene fir a meenit te leuk it er. "Ah'v telt ye a hunner times, AH'M NAE GAUN!"

"Ah maun bi the only quine in oor office at hisna bin abroad." Joyce leukit fair disgustit an bunged the brochire doon oan the carpet. "An if wi dinna hurry up an gang noo, the twins'll bi ower aul. They winna wint te come wi's."

"Oh! Wid at nae bi rare? *Wi'd bi in hivven,*" sung Morrice, loupin oan Joyce an kittlen er. "A hale wik wi'oot yon twa deavin loons."

"Git aff ma!" She teen aff er slipper an gied im ower the heid wi't.

"Fit div ye wint te ging abroad fir, onywye?" Morrice tittit, he'd missed the eyn o Sports Scene noo.

"I jist div." Joyce faaled her airms an glowered it im. "The warld disna stop it Inverurie ye ken."

"It's nae like wi dinna ging awa," he said, turnin is attintions te the big tae that wis stickin throwe a hole in is sock. "Wi hae a holiday ilky ear. Wi'v bin gaun te Cullen or Pitlochory in the caravan fir es lang es Ah can myn."

"Exackly," snappit Joyce.

"Time aboot," said Morrice, ignorin er ootburst. "It's better like at – saves ye gettin inte a rut, like."

"A rut!" skirled Joyce. "Ye'r as far inte a rut, ye'd need a JCB te dig ye oot."

There wis a meenit's silence afore Morrice pickit up ane o the holiday brochires. "Better gie's a leukie, en, Joycie." He kent bi the leuk oan er face that she wisna best pleased – an it wis ower near supper time te bi faaen oot.

*

The neest day, nae richt sure foo he gat ere, Morrice fun imsel sittin in ane o yon sweevely cheers in *Trailaboot Travel*. He'd nivver bin in o'a Travel Agents in is life – it wis a hale new experience.

"Where did you have in mind?" speered the quine ahin the coonter.

"Somewhere hot," said Joyce, "and with plenty to do for the children."

"Ay," said Morrice, grinnin it the pan-loaf vyce at Joyce wis pittin oan, "somewye het. An nae ower dear."

"I've got an apartment coming up in Majorca. Seven nights in Alcudia. It's a perfect location for families." She tap, tappit it the keys oan er computer. "There's only one problem."

"Fit's at?" said Joyce, firgettin ersel.

"You'd fly next Saturday," she gied em a smile, "from Aberdeen."

"Ess neest Setterday?" Morrice aboot chokit.

"Wi'll tak it!" Joyce handit ower er Visa.

"Fit's adee wi you? Ah gat aa wir passports fin wi thocht aboot gaun last simmer. Ye'r due a wik aff an Mark an Greig ir nae it the skweel, onywye." She pokit im in the ribs es the quine disappeart wi er credit caird. "Is't the siller at's botherin ye?"

"Ere's naethin adee wi ma," said Morrice, shakkin is heid. "Ah'd bi aricht iv *you'd* git aff ma back."

"Weel, kids!" Joyce turnt te the eleeven-year-aul twins, layin inte ane anither in the back seat o the motir. "Wi'v bookit wir holiday. Ess time neest Setterday, ye'll be sittin in Majorca."

"Fit time div wi flee?" they speered thegither.

"Oh! Ah'm nae feelin se great." Morrice fun the bleed drainin fae's face.

"Dinna tell ma at ye'r gaun te tak nae weel." Joyce pit a han oan is broo.

"Ah'm fine," he said, stairtin up the ingine, "bit te bi honest wi ye, Joyce, it's…it's jist the thocht o the fleein. Ah'v nivver aiven bin near a plane lut aleen bin oan ane. Te tell ye the truth – Ah'm feart!"

"Dinna bi daft, ye muckle gomrell." Joyce teen a gweed lach. "Eence ye'r up, ere's naethin ye can dee aboot it, onywye."

"Ay," agreet Morrice, "an eence ye'r up, ere's only ae wye doon."

"Dad's feart te flee-ee. Dad's feart te flee-ee." Morrice resistit an impulse te turn roon an gie the twins a gweed clout roon their lugs, es they linkit airms an sung aa the wye hame.

The neest wik whizzed by in a whirlwin o preparations. Morrice shuddert it the thocht o fit Joyce hid spint oan new claes: plastic sheen fir the beach; sweemin costumes an funcy designir sunglaisses. He shook is heid, mynin aboot Monday denner-time an the cairry-oan at Joyce hid held fin he'd met er fae er wirk te dee some chemist shoppin:

"Ah'll tak the hale wik te turn fae blue te fite," he'd said, haalin up the leg o'is briks es they steed in the middle o Boots, "nivver myn a sun-tan."

"Ah'll need te git a high-protection cream fir you," said Joyce, pickin up fower bottles o factor 30 an bungin em oan tap o aa the ither peels an potions. "Ye'r nae din-skinnt like masel an the loons. Ye'll need somethin at'll raelly keep the sin oot."

"Fit aboot a jaickit?" muttert Morrice, brakkin oot in a swate, es Joyce's credit card left er purse fir the umpteenth time at wik.

"Div ye think Ah'm mebbe gettin a bittie o a mowser?" speered Joyce, studyin ersel in the rear-view mirror es Morrice gied er a run back t'er wirk.

"Like a byre-brush," he said, wi'oot aiven leukin it er.

Morrice tittit, nae kennin fidder te bi annoyed or te lach, es he thocht aboot the neest day fin he'd met Joyce te see aboot the traveller's cheques.

"Far hiv ye bin?" His neck hid bin mottled reed wi rage es he noddit it the Toon Haall clock. "Ah'v bin stannin here fir ages."

"Ah'v bin te the beauticians." Joyce's face wis aa pink an polished leukin an er tap lip wis reed raa. "Ah'v hid a facial, an Ah'v hid aa ma bits professionally timmert in aboot."

"Mair expense!" grumphed Morrice, turnin an makkin fir the bunk.

"Grip!" shoutit Joyce, comin clatterin ahin im oan er hich heels. "Ye'r as ticht, Ah can hear ye squeakin fin ye waak."

*

Setterday mornin cam roon ower seen fir Morrice, bit he tried is best te leuk happy es he humphed their cases oot o the taxi an inte the airport.

His belly wis gaun roon an roon es they checkit in, syne gaed throwe te Departures.

"Oh! Ah'm at excited!" Joyce grippit is airm an pyntit te the aeroplane at wis stannin oot oan the runwye.

"At's oors!" shoutit the twins. "Air Europa."

"Morrice!" Joyce sniffit an gied er maan a powk. "Hiv you steed in somethin?"

"Ah'm awa te the lavvy," said Morrice, makkin a swift exit.

Twa pints o liquid courage fae the bar, fower mair visits te the lavvy – an Morrice wis riddy te go. His knees war shakkin es he trailt ahin Joyce an the bairns.

He didna think at is legs war gaun te mak it up the metal steps o the plane, an he felt dizzy-kine an far awa es he focused oan Joyce's behind, jigglin up the steps afore im.

"Come oan, Dad!" He teen a deep breath es the twins chap, chappit it is heels.

Morrice fun their seats an they aa gat beltit in: Mark aside the winda, syne Greig an syne imsel. Joyce wis sittin bi ersel ower the aisle.

"Gie's a sweetie, en." He nippit the barley sugars oot o er han an stappit twa, three inno is moo.

"This is your pilot speaking. Welcome on board Flight BY599A to Palma, Majorca. We hope you have a pleasant journey. Will all passengers kindly fasten your seatbelts and refrain from smoking? Thank you!"

"Fir the luv o Goad!" Morrice near chokit oan is sweetie. "A WIFIE PILOT! At's it," he leent ower an grabbit Joyce's sleeve, "Ah'm gettin aff."

"Dad!" Greig pulled it Morrice's airm. "It's stairtin up."

"Oh! Oh! Goad!" The swate wis stannin oan is broo es the plane stairtit te taxi ben the runwye.

"Fit's ess noo?" He pit a han up t'is moo an fuspered te Joyce, "Fit's gaun oan?"

"Wheest!" hissed Joyce. "Jist listen."

Morrice waatched es the stewardess wifie stairtit te flap er airms aboot an pynt te aa the doors. He focused oan the reed-lipsticked moo at wis spikkin aboot life-jaickets an oxygen an...

"In the unlikely event of an emergency," said the moo.

Morrice groant an said, "Pit yer heid atween yer legs an kiss yer er – "

"Dinna be orra!" snappit Joyce, raxxin ower an thumpin im oan the leg.

He stappit is fingirs inte's lugs te droon oot the roar fae the ingins as they stairtit te clim. Up...Up... Up...

Efter a filie, Morrice chunced openin is een an stairtit te relax a wee bittie: aathin wis aye aricht an 'reed-moo' wis comin rummlin doon the aisle wi a trolley, dishin oot the denners. "Ess is nae se baad, Joyce." He teen the tray fae the stewardess an leukit ower the passage. "Joyce! Are *you* aricht?"

"Oh! Morrice." Joyce's face wis deed fite an she hid a leuk o pure terror in er een. "Ah'm nae feelin se gweed." An wi at, she wis cryin fir 'Hughie' inte the paper bug in the back o the cheer.

"Ah canna believe it wis me fa loast the plot," said Joyce, es they steed aside the conveyor belt in Palma Airport.

"Weel," said Morrice, haalin their cases aff the belt, "it's the price o ye fir wintin te come raikin oot here in the first place. Ye'd hiv hid neen o at wirry in the caravan."

"Weel, wi'r here noo." Joyce breenged by im an smiled it the loons. "Se lut's mak the maist o't."

*

Morrice hid te admit at he wis weel chuffed wi the apartmint, wi its colour T.V. an bra balcony owerleukin the pool.

"Come on, loons!" he shoutit. "Wi'll ging doon fir a sweem an gie yer Mam peace te unpack."

An oor-an-a-hauf later, Joyce cam stompin doon the steps.

"Ah'm richt glaid ye persuaded ma te come," said Morrice, adjustin is new dookers. "Ess place is jist the bees-knees."

"Weel, at's aathin laid by." Joyce sighed an flappit doon oan t'a sun-bed. "Thunks fir helpin ma."

"Ah'm oan holiday," said Morrice, raxxin imsel oot in the sin.

"Fa wis yon folk ye war spikkin tull?"

"Och, ye ken me, Ah'll spik te onybody." Morrice furled roon te face er. "Ah'v met in wi a richt fine faimly fae Pitsliga, an twa rare quines fae London." He noddit it twa hauf-nyaakit weemen, aa greased up an streakit oot te bake in the sin.

"Oh?" Joyce fixed im wi ane o er sispicious leuks. "Fit did they wint?"

"Ah wis jist tellin em at Ah'm a pinter." He grinned fae lug te lug. "They war rale teen wi ma – said they'd nivver met a pinter afore."

"G'wa," snortit Joyce.

"The feels thocht Ah wis an artist," leuch Morrice, "an Ah didna like te conter em."

"Eejit!" Joyce gied im a disgustit leuk.

"Ere's at boy fae Pitsliga an is twa loons." Morrice noddit an waved, an said throwe is teeth, "He's an affa leukin gadjee, bit a helluva fine boy."

"Fit like, min?" roart Pitsliga.

"Fit a leukin laad." Joyce liftit er han an smiled. "Ah cud draa a better maanie."

"Div ye like the socks an sandals?" Morrice grinned it the sicht o the maanie's broon sandals an the socks pulled richt up t'is knees – his twa loons comin ahin sportin the exack same style.

"At's child abuse is at." Joyce turnt ower oan te'r belly an teen a gweed lach.

The first hauf o the wik gaed great fir Morrice bit, unfortunately, things war nae se gweed fir Joyce:

"Leave oan yer t-shirt if ye'r sair." Morrice waved ower it the twins splashin aboot in the pool. "Ye shid hiv clartit yersel wi the same sun-stuffie es me," he said, rubbin is belly, "an ye widna hiv hid te sit up aa nicht wi yer knees in the fridge."

"Hi, Morrice!" Morrice leukit up te see the twa luvlies fae London: polished broon; tapless; an weerin somethin that he mynd Joyce caaen a thong. He grinned – it leukit hellish uncomfortible an pit im in myn o a cheese slicer.

"Hiya," said Joyce, pullin er t-shirt doon ower er sinbrunt knees.

"You're so lucky being married to a painter. It sounds so romantic." The taaller o the twa quines sut ersel doon oan the fit o Morrice's sun-bed.

"Yeah," said the ither quine, smilin it Morrice, "you're so lucky to have a job that really touches people – really makes a difference."

"Ay," said Morrice, mynin foo trickit at wifie it Kintore hid bin wi er front lobby.

"I cud gang tapless an weer a thong if Ah wintit tull." Joyce turnt up er nose es the twa quines giggilt an wiggilt their wye back te the bar.

"At wid gie a hale new meanin te flip-flops," leuch Morrice. "An Ah s'pose ye cud weer a thong," he grinned an addit, "bit wid ye ivver munuge te find it again? Your rear-eyn's gat mair ripples then the North sea."

"At's it!" Joyce gaithered up er tool an stairtit pittin aa er stuff awa.

"Oh, Joycie! Ah'm jist funnin wi ye. Dinna ging awa an funk wi's." Morrice waatched es she struttit aff, only stoppin te leuk ower er shooder an roar, "Git stuffed, Picasso!"

Back in the room, Morrice flickit throwe the channels oan the TV. "Sky an aathin – it's jist like bein it hame bit hetter," he said, findin the fitba. "Fit'r ye plannin fir supper?"

"Uh! Ah ken, noo, fit wye it's caaed 'self-caterin'," said Joyce, pullin the twins apairt. "You see te yersel, an I dee the caterin."

"Wi'll ging oot, en." Morrice held up is hans. "Yon twa quines fae London war speerin if wi'd like te meet up wi em."

"Oh, Ah dinna ken…," said Joyce.

"At's settled, en," he said, makkin fir doonstairs. "Ah'll ask the Pitsligas an aa – mak a nicht o't."

Later at nicht, they finally munaged te git a table in a pub caaed the King's Heid. Morrice cud tell bi the soor leuk oan Joyce's face, es he sat sandwiched in atween the twa lassies fae London, that she wis jealous again, bit he wis ower far gone oan the sangria te care.

"Ah'll hae the prawn salad, please." Miraculously, Joyce munaged te find a smile fir the young waiter wi the ticht briks.

"An Ah'll hae the steak," said Morrice.

"How would you like that done, Sir?" The waiter's pincil hovered in mid-air.

"Haul aff its horns, loon," said Morrice, "dicht its erse an wheel er in."

He waatched es the smile slid fae Joyce's face. The twa quines fae London leukit it ane anither an shruggit their shooders, file the Pitsligas aboot split their sides lachin.

"Ye ken, Ah'v a thumper o a sair heid," said Mrs Pitsliga, dichtin the tears o lachter fae er een. "Fit wye div I nae tak your loons back te oor apartmint an lut you anes gang oan tull a nichtclub?"

"At's a gran idea!" Morrice ordered anither joog o sangria. "Ane fir the road!" he shoutit, meevin ben the table an pittin is airm roon Joyce.

*

The meesic in the Coconut Club wis thumpin and Morrice's heid wis spinnin es faist es the flashin disco lichts. Ane o the quines fae London wis duncin aboot wi Pitsliga an the ither ane wis sittin jigglin aboot oan *his* knee, er lang yalla hair flappin in is face.

"Far hiv ye bin? Ah'v bin leukin aawye fir ye." He shoved the quine aff is knee es Joyce cam ower an sut doon aside im.

"Ay, it leuks like it!" she snappit. "Iv ye'r raelly interestit, Ah'v bin sittin in a horrible lavvie wi'oot a lock oan the door." She sighed an leukit like she wis awa te greet. "Ah'v hid ma fit ahin the door an ma tap plate in ma han fir the last hauf-oor."

"YE'V A SAIR BELLY?" roart Morrice, es a fresh thrash o aiven looder meesic stairtit up.

"Ay, Ah'v a sair belly," said Joyce, haudin ersel. "Ah think it wis at praans." She steed up an pit a han ower er moo. "Ah'm awa back te the room."

"Ah'd come wi ye," said Morrice, tryin te stan up an near faaen ower, "bit it's Pitsliga's roon."

Fin Morrice evintually gat back te the apartmint, it wis fower o'clock in the mornin an Joyce wis in nae mood fir convirsation.

"Spik te ma, Joycie! Spik te ma." A bleezin Morrice haimmert oan the lockit lavvie door. "Are ye aricht? Ah...Ah...Ah luv ye!"

"Git loast!" roart Joyce. "Ah'm nivver ivver spikkin te you again."

*

Morrice hid te listen te the soun o Joyce's 'nae spikkin t'im' fir the hinmaist twa days o the holiday. It wis a shame, he thocht es he waatched er sulkin oan er sun-bed: fit tan she'd hid, hid aa peeled aff noo, an the fack at she'd hairdly bin oot o the lavvy hidna helpit.

The flight back te Aiberdeen proved univentful, an Joyce, wykened bi er naisty bout o praan pysonin, sleepit like a new-born aa the wye hame, er moo hingin open an er heid lollin inte the aisle.

"Oh, it's richt fine te bi hame in gweed aul Britain again," said Joyce, steerin it a pan o mince.

"It is at," agreet Morrice, kickin aff is dubby sheen an dichtin a dreep o rainwatter fae the eyn o'is nose. "It wis a gran holiday bit it's aye fine te come hame. Me an the loons fair injoyed wirsels, though. It wis jist a peety aboot your sinburn an yon naisty sair belly. Bit it'll bi differint neest time wi gang – wi'll ken better fit te dee an fit nae te dee."

"Dinna wirry!" said Joyce, stairtin oan the tatties. "Ere winna be a neest time. Ah'll bi mair then happy wi ma caravan fae noo oan. In fack, ane o the lassies it ma wirk said at ere's a rare site it Lossie."

"Na! Na!" said Morrice. "Ah'v gat the travel bug noo." He opened is jaicket an pulled oot a pile o holiday brochires. "It's my shottie te pick the holiday neest ear, an Morrice McGregor's heedin fir the sin.

"Firget Lossie – NEEST STOP LANZAROTE!"

Honesty's the Best Policy

Ronnie Hinnersin wis nae ile-pintin. Some folk aiven gaed es far es te say at the Meldrum fairmer hid faan oot o the ugly tree an hutten ilky brunch oan the wye doon. He'd nae social graces te spik o an hid the table mainners o a monkey. It wis nae winner at Ronnie hid nivver hid muckle success wi the weemin. An he wis jist aboot te gie up athegither fin is best mate, Stevie, hid a great idea...

"Ah'm nae sure aboot ess." Ronnie glowered doon it the 'P&J' oan the kitchen table.

"Foo nae? Ye canna expeck te bide wi yer bliddy mither fir the rest o yer life," said Stevie. "Ye'll seen bi fifty. It's time ye'd a hoose o yer ain."

"At's surely up te me. An, onywye, Ah dinna raelly wint te stairt traalin throwe the papers te git masel a quine. Div ye nae think it leuks a bittie desperate?"

"Ye are desperate! An es far es Ah can see, it's yer only option."

"Bit fit's the chunces o ony o'em bein my type?"

"Fit *is* yer type?" speered Stevie.

"Onythin wi a pulse!" joked Ronnie.

"Lut's tak a leukie an see fit's oan offer, en." Stevie thoomed throwe the paper afore turnin't up it the Classified Ads.

"Oh...Ah dinna ken. She micht soun aricht in print bit ye canna see fit ye'r gettin. Ah dinna wint te bi landit wi a quine wi a face like the North eyn o a Sooth facin coo."

"Ah like the wye ye aye feel free te criticise folk's leuks," said Stevie, takkin a bit smile, "espeeshully fin ye'r nae jist the bonniest o laads yersel."

"So?" Ronnie faaled is airms. "Disna mean te say Ah wint te bi saddled wi an ugly deem."

"At's nae fit Ah'm sayin. Fit Ah meent wis, dinna set yer sichts ower hich. Fit wye div ye nae jist ging fir an ordnar leukin lassie – they'r aye gratefu."

"Ay, mebbe, bit ye'll need te myn at Ah'v hid ma share o bonny quines. It'll bi a job te sattle fir onythin less."

"Ay," agreet Stevie. "Bit Ah dinna think it necessarly coonts fin ye'v hid te pey fir the pleesure."

Ronnie didna tak im oan. "Leuk it ess!" He pyntit it an article aneth the Classified Ads. "It's aa aboot a new datin craze caaed 'Dinner in the Dark'."

"See's a leukie." Stevie nickit the paper oot aneth is nose.

"Fit's it aa aboot, en?" speered Ronnie. "Read it oot."

"It says here at it taks the idea o a blin date te a hale new livvel. It's a nicht oot aneth the cover o daarkness. The waiters aa hiv speecial goggles fir seein it nicht an the guests aa hiv te aet an sup in the daark."

"An fit wid bi the pynt in at?"

"Haud yer horses." Stevie held up a han. "Ah'm aye readin. Ay...richt...ess is fit it says: Appairently, fin ye canna see, aa yer ither sinses wirk better. An it says at yer sixth sinse'll tak ower an tell ye whither the bodie ye'r sittin aside is a gweed match."

"Foo can ye aet yer denner, though? Iv ye canna see far ye'r pittin't."

"It says here at the waiter taks ye tull yer seat an shows ye far yer plate an glaiss ir sittin. Oh ay...an it's the kinna maet ye can aet wi yer fingirs."

"Thunk the Lord fir at," said Ronnie. "Ah munuge te git masel in enuch o a sottar fin Ah can see fit Ah'm deein."

"Wheesht, wull ye, Ronnie. Jist wyte tull Ah read ess hinmaist bittie."

"C'mon, en." Ronnie's ill-fashence wis stairtin te git the better o im. "Fit's it say?"

"It says at naebody gits te see fa they'v bin sittin aside tull the waiter comes wi the poodin an lichts a cunnle. It feenishes aff bi sayin at, iv ye funcy giein it a try, the neest 'Dinner in the Dark' is gaun te bi held it a hotel in Aiberdeen."

"Na. Ah think Ah'll gie't a miss," said Ronnie, shakkin is heid. "Ah'm nae powkin aboot in the pick-daark wi folk Ah dinna ken. Onywye," he addit, "Ah like te see fit Ah'm pittin inno ma moo."

"It says it the eyn o the article at the denners hiv bin a great success. It's mebbe somethin wirth conseederin."

"Ah think wi'll jist stick te the ads," said Ronnie, takkin back the paper. "Leuk it ess ane!" His een lichtit up. "She souns like a bit o aricht."

"Read it oot." Stevie steed up an leukit ower is shooder. *"Busty, blue-eyed blonde, 32, single, likes pubs an clubs. WLTM."*

"Fit's at?" they baith said it the same time.

"Wid like te meet." Stevie noddit is heid es it siddenly cam tull im. "At's fit it stans fir."

Ronnie read doon the columns, is een widenin es he saa fit wis oan offer: "Goad almichty, leuk it ess ane!" he said. "Here's a wifie o seiventy-nine fa's leukin fir freenship wi a view te romunce."

"At's mebbe jist pushin oan a bittie," said Stevie. "Myn you, it widna bi aa baad – ye'd jist hae yersel te pey fir oan the bus."

"Here's anither ane," said Stevie, pyntin te an advert farrer doon the page. "It says, *'Easy-going thirty-five-year-old, well-built, with a GSOH.'*"

"Weel built," leuch Ronnie. "At means she's like the gale-en o a hoose. An fit aboot ess 'GSOH'? Fit the hell wid at bi?"

"At's an easy ane. At means she's a gweed sinse o humour."

"Wi an erse at size, she'll need ane," leuch Ronnie, stairtin te faal up the 'P&J'. Ah think wi shid jist firget aboot it."

"Jist haud oan a meenit. Ye canna jist gie up oan the idea afore ye'v aiven gien it a chunce." Stevie raise an teen a pad o writin paper oot o a draar. "Ye'll need te mak up a wee bittie aboot yersel an pit in a box nummer fir replies. Ah'll help ye." He pulled a pincil fae ahin is lug. "Lut's sit doon an mak a list o aa yer gweed pynts an things ye like te dee."

"Aricht, lut's go fir't," agreet Ronnie wi a sigh.

Ten meenits later, they war aye sittin.

"Ah'v a better idea," said Ronnie. "It micht bi easier te think aboot aa ma baad pynts an syne say the clean conter."

"Na, na." Stevie leukit fair disgustit wi's freen. "At's nae eese ava. Fin it comes te affairs o the hairt, honesty's aye the best policy."

"G'wa," snortit Ronnie. "Far did bein honest ivver git onybody?"

"Weel, it nivver did me ony hairm. Ah'v bin sleepin wi the same wumman fir near thirty ear."

"Exackly."

"Richt, en." Stevie didna rise te the bait. "Lut's git oan wi ess list o aa yer gweed pynts." His pincil hovered ower the page es he wytit fir inspiration te strike.

"Ah ken... Ah ken," said Ronnie. "Pit doon at Ah dee a lot o waakin."

"At's only since ye loast yer licence."

"So? It disna maitter. Jist pit it doon."

Stevie wis shakkin is heid es he scrattit awa wi's pincil.

"Noo, fit ither cud Ah say aboot masel? Ah'v gat it... pit doon at Ah'm gweed te aul folk."

"Ay?" Stevie's eebroos disappeart aneth is fringe.

"Ah am!" Ronnie leukit rale pit oot. "Tak last Setterday fin ma mither wis oot deein the girse... she wis strugglin te push the mower an Ah teen er oot a glaiss o caal watter."

"Ay, Ronnie, ye'r aa hairt! Fit a load o haivers. Firget the hobbies!" Stevie wis stairtin te loase the heid. "Fit div ye wint te say aboot yer leuks?"

"Och, jist the usual: taall, daark an handsome."

"Ah'm nae bein chiky, Ronnie, bit ye'r neen o at things. Ye'r mair stumpy, stoot an ginger."

"Bit fa the hell's gaun te bi interestit in at?"

"Richt enuch," admittit Stevie.

"Oh... an dinna firget the 'GSOH'."

"At's fit faivver meets up wi you ill need te hae," muttert Stevie. "Hiv ye ivver thocht aboot takkin up a career in fiction writin?"

"Fit d'ye mean bi at?"

"Weel... ye canna pit at inte the papers: it's aa lees."

"Tak a leuk it ess!" Ronnie jabbit a fingir it an ad it the fit o the page. "Ah, mebbe, winna need tull."

"Foo? Fit dis it say?"

"She souns perfeck, min! Ah richt craacker. Ah winna bother advertisin. Ah'll jist sen ma advert stracht te the quine o ma dreams."

"Read it oot, en. Lut's hear't!"

"Listen te ess." Ronnie dichtit is moo oan the back o'is han.

Curvaceous, ex-page three model, thirty nine – Kemnay area, enjoys DIY, cooking, horse riding, walking and all aspects of country life, seeks male, thirty-five to forty (preferably with a farming background) for fun, friendship, long walks in the countryside and possibly more."

"Dinna pick some'dy jist cis they micht leuk like a model," said Stevie, takkin a read fir imsel. "Ere's mair tull a relationship then at."

"Ay, ye'r richt ere. Div ye nae see fit it says?"

Stevie leukit again.

"Lut ma brak it doon fir ye," said Ronnie. "She's a country quine – winna bi averse te shovellin shite. Likes DIY – can paper an chynge a plug. Injoys cookin – disna wint te bi teen oot fir er supper aa the time. Likes waakin – iv she disna hae er ain motir, she'll hae tull."

Ten meenits later, Ronnie wis het-fittin it inte Meldrum te post is letter te the box nummer in the paper.

*

Ronnie spint the neest twa days sittin aside the phone an waatchin the letterbox.

"Ye ken, ye'r nae s'post te tell onybody yer phone nummer or far ye bide," said Stevie.

"Foo nae?"

"Ah s'pose it'll bi in case ony nutters git in touch wi ye. Ye cud eyn up bein deeved bi some sex-maad staaker."

"Great!" Ronnie rubbit is hans. "Ah'll easy hunnel at."

Five meenits later the phone rung.

"MAAM! At's the phone ringin!" roart Ronnie, waatchin es is mither hirpled throwe fae the kitchen te answer't.

"Ronnie!" She held oot the phone. "It's fir you...Ah think it's a quine."

Ronnie wis oot o'is seat in a flash. His hairt wis thumpin es he made fir the phone: the only phone caalls at he ivver gat war aboot wirk an nivver it ess time o nicht an *nivver* fae a quine.

"Ay, ess is Ronnie Hinnersin spikkin. Mmm hmm. Yer name's Tina. Oh! Ye likit the soun o ma. Weel..." His face grew aa reed. "Ah likit the soun o you an aa. A meal, eh? It your hoose. The morn's nicht. Ay...ay...fairly. Aboot half echt. Ah'll see ye, en. Cheerio!"

Ronnie pit doon the phone, jumpit oan is bike, an crunkit ower te Stevie's craft te tell im aa aboot Tina.

*

The neest day, Ronnie thocht nicht wid nivver come roon. The time craaled by it a snail's pace tull, finally, it wis lowsin time.

There wis a chap it the door an Stevie cam stridin in. "Foo's the last o the reed het luvers?" he speered, heatin is erse it the fire.

"Shut yer trap!" Ronnie's belly wis steerin wi nerves. "Ah'm feelin jittery kine. Ah'v hid a richt dose o the Gary Glitters – like caffies' scoor."

"Dinna git yersel se wun up," said Stevie. "Jist bi yersel. No...oan second thochts – dinna."

Ronnie's insides gied anither great rummle es he listened te Stevie reelin aff a list o instructions es lang es a fishwife's tung:

"Dinna dicht yer moo oan yer sleeve. Nae lickin yer knife, or aiven wirse – yer plate. Nae snuffin, nae scrattin, nae riftin, nae far – "

"NAE MAIR!" Ronnie pit is hans ower is lugs. "Ah think Ah'v gat the idea."

"C'mon," said Stevie, leukin doon it is pal's hauf-mast troosers an marless socks, "lut's ging an leuk oot somethin fir ye te weer. Ye'll hae hid yer bath?"

"It's nae Sunday is't?" said Ronnie.

"Git throwe the hoose, ye fool divil!" Stevie shoved im inte the bedroom. "Fan's the last time ye bocht yersel some new claes?" he speered, shakkin is heid es he raikit throwe the wardrobe.

"Ah div buy new claes." Ronnie leukit indignint. "Ah steed masel a suit fir ma grunny's funeral in 1984."

"Jist git yersel dressed!" said Stevie, pullin oot a hauf-decent pair o briks an a clean sark.

Ronnie cud hairdly haud in is excitemint es he riggit fir is nicht oot.

"Fit'r ye deein noo? Ye'v oan yer gweed claes!" Stevie sut doon afore the coal fire, turnin up is nib in disgust es Ronnie laid oot the Evenin Express oan the fireside rug an proceedit te pare is tae nails wi a penknife, howkin an powkin, tull he wis saitisfeed wi the job.

"It's jist in case Ah git lucky," he said, stannin up an leukin it imsel in the mirror at hung abeen the muntelpiece. "Ere's naethin waar nor scratty tae nails," he addit, takkin a sheers an trimmin the wirst o the hair at wis stickin oot o'is nose an lugs.

Stevie raise an follaed is freen throwe te the kitchen. "Fit's at stink?" he speered, snuffin roon the sink.

"Dettol. Jist the job fir freshenin up yer teeth." Ronnie grinned an fished is falsers oot o a cup at wis sittin oan the drainer. He sweeled em aneth the caal tap afore stappin em back in is moo an garglin wi fit wis left.

"It's a peety ye didna hae time te git a snod-in-aboot," said Stevie, raivelin Ronnie's huddery pow. "A dinna ken fit wye ye lut it git se wild. Fin ye'v reed hair, ye shid only ivver growe es muckle es ye need."

"Ay, fitivver." Ronnie sput oan is han an clappit doon is thatch. "Noo, iv Ah myn richt, ere's a bottlie o aftershave aneth the sink."

"Ye'll need somethin te haud doon the stink o yer feet," said Stevie, es Ronnie's heid disappeart inte the cupboard.

A meenit later, efter a lot o rummlin aboot, he strachened is back an held up a stewy bottle o Brut.

"Splash it aa ower," he cried, grinnin fae lug te lug an rikkin te high hivven.

*

Ronnie teen a deep breath es he waatched the lichts o Stevie's motir disappearin oot the eyn o the aul fairm road. His hairt wis gaun ten-te-the-dizzen es he chappit oan the open door o the ramshackle hoose. He leukit aroon es he wytit: the wee craftie wis oot in the middle o naewye an the place wis roch bi onybody's standards.

"Hullo!" he cried, keekin roon the neuk o the door. "Is ere onybody ere?"

"Come awa in," said a wifie's vyce.

Ronnie teen a deep breath es he steppit inte the hoose.

"It's Ronnie Hinnersin!" he cried, peerin doon a lang lobby. "Ah'm leukin fir Tina."

"Ess wye." The vyce wis comin fae the eyn o the lobby.

Ronnie grippit the hunnel an pushed open the hinmaist door. The room wis pick-daark an ere wis a richt fine smell – like a fish supper.

"Come awa in, Ronnie," said the vyce. "Ah'm Tina an Ah'm affa pleased te meet ye. Ah hope ye dinna myn, bit Ah wis readin an article in the 'P&J' aboot a new craze caaed 'Dinner in the Dark' an Ah thocht it micht bi a lach te try't oot fir wirsels."

"Oh, ay, Ah ken fit ye'r oan aboot." Ronnie loupit es the door closed ahin im wi a bang.

"Sit doon. Ah'v raelly bin leukin forrit te meetin ye."

"Ay, me an aa." Ronnie gropit aboot in the daark an fun a cheer.

"Ah'v gat ye a fish supper," said Tina. "Ah hope at's aricht?"

"Michty ay, at's jist gran."

Ronnie heard a fizzin soun an syne fun somethin caal bein clappit inte's han.

"Ah hope ye'r a lager maan," said Tina, takkin a slubber fae er ain tinnie. "So, Mister Taall, daark an handsome, tell's a bittie aboot yersel."

"Ere's nae raelly muckle te tell." Ronnie opened is throat an gulpit doon is lager. "Ah dinna git oot an affa lot."

"An hiv ye bin leukin fir luv es file?"

"Oh, weel, Ah widna say…HEY!" Ronnie aboot chokit oan a chip es somethin stairtit meevin aboot atween is legs. "Ye'r rale pushy, irn't ye?"

"Fit d'ye mean?"

Ronnie sniffit. Ere wis a queer kinna stink an aa – somethin he jist cudna place. "Fit perfume's at ye'r weerin?" he speered.

"Ah'm nae weerin perfume," said Tina, crackin a spunk an lichtin a cunnle, "bit Ah am weerin…ma goon!"

Ronnie's jaa drappit fin he saa the terrifeein sicht o Tina in a reed see-throwe goonie: she wis oan the wrang side o fifty; es wide es she wis taall an hid a snoot like a soo.

"Ah'm the poodin," she said, pushin anither tin o lager inte's han.

"Git oot o at! Ye stinkin divil!" Ronnie aboot fell aff is cheer es a pair o broon een an a snufflin nose appeart atween is legs.

"At's jist, Master, ma black lab." Tina grinned, a raa o yalla buck teeth stickin hine oot ower er boddom lip.

"Thunk Christ fir at!" said Ronnie, feelin mair then a bittie relieved.

"Ye'r nae affa like yer description." His date grinned an leent ower the table. "Nivver myn, Ah'm sure wi winna lut at stan in wir wye."

Ronnie waatched in disgust es the dug's nose wis replaced bi Tina's slippered fit. She wiggilt er taes an leuch.

"Hiv ye a lavvie Ah cud use?" He steed up an coupit is lager.

"It's the door richt it the ither eyn o the lobby." Tina gied im a wink an showed aa er affa teeth again. "Dinna bi lang."

Ronnie's hairt wis haimmerin es he lockit the lavvie door an phoned Stevie oan is mobile. "Come an git's oot o here, Stevie. The hale thing's bin a bliddy nichtmare – yon Tina's nae the full shillin. Pick's up, wull ye? Ye'r nae far awa…at's great. Ah'll meet ye oan the main road – an HURRY!"

The winda wis stuckken wi pint bit Ronnie munuged te rug it open. He climmed oot an run aa the wye te the main road, loupin aa the palins. He wis stannin pechin like a pit-pony fin Stevie's motir cam roon the corner.

"DRIVE!" roart Ronnie, yarkin open the door an faaen inte the passenger seat.

"Fit's the score?" Stevie teen aff up the road like a rocket. "Wis yer blin date nae fit ye thocht?"

"Lut's jist say, at's the hinmaist time Ah'll be answerin ony adverts. Fit a drap Ah gat – it jist nivver occurred te ma at she micht be tellin lees aboot ersel an aa."

"Weel…myn fit Ah said aboot honesty bein the best policy – it's the price o ye fir makkin up aa yon dirt aboot yersel!" said Stevie, haudin doon the fit. "Se fit aboot the bit far she said she wis a thirty-nine-ear-aul ex-model?"

"Aa a load o shite! Ah coontit the rings oan er neck an she wis a gweed fifteen ear auler then at. An the only modellin she'd ivver deen wis wi plasticine. Ye shid hiv seen er, min: Ah'v nivver bin se feart in aa ma life."

"So…she wis a bit o a dog, en?" A broad grin wis spreadin ower Stevie's face.

"At wid bi an insult te'r dug," said Ronnie, stairtin te see the funny side an aa. "Ah widna say she wis ugly – bit she cud aet an aipple throwe a wire fince."

Seein Spirits

Ah'm convinced at ere's a spirit warld – an 'ither side': bit ma pal, Muggie, thinks it's aa a lotta dirt an at Ah'm ower easy teen in.

Muggie's nivver bin an easy wumman te impress: typical North-east, she's nae ane fir excessive displays o enthusiasm; an naethin short o the 'Second Comin' wid allow er te aiven entertain the idea o anither dimension, lut aleen acknowledge its existince.

"Fit's ess transfiguration aa aboot, onywye?" speered Muggie, es wi pulled inte the car park o the Sailor's Arms.

"Ah'v telt ye ariddy." Ah haaled oan the hanbrake. "It's fin a spirit's invitit te show itsel oan some'dy's face...like a kinna double exposure. Faivver's pickit oot o the aadience acts es a host body fir the spirit at wints te come throwe."

"Oh, ay!" Ma reluctant companion grinned. "At'll bi richt."

"Hiv ye nivver winnert iv ere's somethin ither then the here an noo?" Ah said, exasperatit bi er indifferince. "Fa kens? Wi mebbe aiven git te come back an hae anither life."

"Ah hope te hell wi dinna!" leuch Muggie. "It's bin a big enuch chaave ess time roon."

Clutchin ma drink fae the bar, Ah follaed Muggie ower te the function suite an prayed at she wid behave ersel: she's a stranger te discretion and disna suffer feels glaidly; she disna aye think afore she spiks an his a tendency te jist open er moo an lut er belly rummle.

"Ah jist like te caa a spaad a spaad," she'll say. An she dis – oan a reglar basis.

"Ere's a gweed crowd gaun in!" Ah said, es wi steed up it the back o the queue.

"It's aa the kinna folk fa only come oot fin ere's a full meen. Aaaahoo!" howled Muggie. "Leave yer breemsticks an black cats in the lobby."

Ah clappit a han ower Muggie's moo an teen a reed face es aabody turnt roon te see fit aa the commotion wis aboot.

Ah read the poster es Muggie shoodered the swing doors:

Pauline Afaistane
Presents an Amazing Evening
of Clairvoyance, Second Sight and Transfiguration.
(Seeing Spirit)

Ah leukit roon the neuk o the door: the place wis in daarkness, apairt fae a wee lichtie fae aboot a dizzen cunnles splooterin awa oan a silver tray. Weird kinna meesic wis floatin oot o the spikkers.

"Ah doot some'dy's firgotten te pey the electric." Muggie grinned. "Crack a spunk an open a winda te lut oot at helluva stink."

"The cunnlelicht an the incense ir ere te create an ambience," Ah explained, tryin te soun like ess wis a usual kinna thing te be deein oan a Widnesday nicht.

"Oh, my Goad! Wid ye tak a leuk it the state o at!" Muggie noddit it a baldy-heided laad wi hauf-mast troosers fa wis stannin ahin a lang trestle table coontin siller inte a roosty blue biscuit tin.

Ah tried nae te lach es Ah handit ower a twinty poun note.

"Ah dinna ken aboot second sicht," guffawed Muggie, "bit it echt poun a ticket he fairly saa *you* comin."

"Muggie!" Ah gied the maanie an apoligetic smile.

"Weel, weel, leuk fa's here." Muggie faaled er airms an nairret er een es er aulest enemy jined the queue fir tickets: dolled up te the nines an dreepin wi gold bungles an chines, Cora McKay didna aiven leuk oor wye es she swaaned by, aboot smorin es baith in a great yoam o perfume.

"Jist leuk it er," said Muggie. "Spik aboot fur coat an nae draars – "

"Jist firget er," Ah snappit. "Ah dinna ken foo ye can still bi haudin a grudge efter aa ess time."

"She pinched ma laad," sput Muggie, giein it daggers it Cora's back. "Ah thocht she wis ma best pal...an at's fit she did. The leein limmer, the treacherous, connivin – "

"Fir Goads sake, Muggie, it wis mair nor twinty ear ago. Ah think wi'v aa meeved oan."

"Oh, ay! Frunkie's made a mint, an Cora's meeved fae a pre-fab inte a muckle funcy hoose." Muggie pulled er cardigan roon aboot er like a shield an gaed spangin ben the haall. "Ah still canna believe Ah'm missin Emmerdale fir ess," she said, plonkin ersel doon oan the front raa.

The music gat a bittie looder an Muggie snichered es Pauline Afaistane teen centre stage. "She's ginger," she hissed. "Ye canna hae a ginger psychic."

"Sshh!" Ah kickit Muggie es the wifie adjustit er muckle maave kaftan, gied er frizzle o reed curls a shak an stairtit er speel:

"Another life awaits us on the 'other side' – an altered consciousness. And tonight," she smiled serenely, "I ask my spirit guides for the gift of *transfiguration* or seeing spirit."

"The only spirit Ah'll bi leukin fir," fuspered Muggie, giein er glaiss a shak, "is anither splashie vodka in aside ess ane."

"During the first half of the performance I want to take you through some exercises which will increase your psychic awareness," said Pauline Afaistane.

Ah cud see Muggie's shooders shakkin wi suppressed mirth es aabody rubbit their hans thegither an tried te feel their aura.

"Ah've nivver tried te feel ma aura afore," said Muggie, "bit Ah'v bin fun bi some rale orra – "

"Jist concintrate!"Ah snappit.

"Now relax...and tell me," said the wifie, "does one leg feel longer than the other?"

"Ay!" said Muggie, aiven looder ess time. "The ane at's bein pulled."

*

The air wis thick wi anticipation es the second hauf stairtit an Pauline Afaistane made er selection fir the 'transfiguration'.

"Ah micht hiv kent," said Muggie, es Cora McKay wis pickit te sit aside the cunnles. "She's te hae er nib in aathin."

Noo, Ah dinna ken iv it wis jist the licht fae the cunnles or the mevement o the shaddas bit, bittie bi bittie, Cora stairtit te leuk like a maanie wi a lang chin an a mowser. Ah teen a keek it Muggie an noticed a wirryin chynge in er ain face: she leukit kinna panicky an desperate, like a cornered beast leukin fir a wye oot. She'd seen somethin an aa bit, she's as thraan, Ah kent she'd raither dee ersel then admit it.

"At leuks like my Archie!" A vyce fae the back raa shattered the silence.

"Archie just wants you to know that he's well and happy." Pauline Afaistane spread er airms oot wide an sweyed back an fore. "You've been a marvellous host," she whispered, wavin a han afore Cora's face an chasin awa some o the illusion wi the shaddas. "What a wonderful transfiguration!"

"Transfiguration, my erse!" explodit Muggie, er dulcet tones fullin the haall. "She's aye bin a twa-faced bitch."

Three in a Bed

"Ere's nae bliddy dug comin here!" shoutit the Maan o the Hoose. "Se ye can jist firget aboot it."

"Bit, *Dad*, it'll bi nae bother. Ah'll waak it ilky day. Ah promise...Ah wull." Oor loon, Duncan, treatit's tull a pettit lip.

"Ah ken fine fit'll happen." The Maan o the Hoose leukit fair scunnert. "A dug can live fir aboot fowerteen ear. You'll git a hoose o yer ain an me an yer mither'll bi left te leuk efter the bliddy thing."

"NO!" protestit Duncan, is big broon een fullin. "Ah'll tak it wi ma."

"At's enuch, noo – it's feenished." The Maan o the Hoose held up is hans. "Ah dinna wint te hear anither wird aboot it."

*

Twa days later, wi war sittin in a hoose in Newtonhill leukin it ten black labrador pups. Hauf-an-oor later, wi war takkin Argo hame.

"Noo, Duncan, wi'll hiv te set doon a fyow ground rules," said the Maan o the Hoose.

Twa pairs o big broon een leukit up it im.

"Ah dinna wint te see onybody spylin im an at means: nae up oan the settee; nae giein intill im fin he greets; nae feedin im titbits an definitely nae luttin im in ower the beds – at's jist a damned disgust."

"At's a shame." Duncan cradled the wee black pup in is bosie.

"It's nae a shame," said the Maan o the Hoose. "He's gat te ken at he's a dug an nae a bodie. Ah'm gaun te big im a kennel wi a fine big run. Ay," he noddit, the decision made, "he'll sleep ootside. They'll bi naethin comin ower im."

*

Fower month oan, the dug is Maister – an the Maan o the Hoose is fair besotted wi im.

"Yer dug's diggin up the girse again!" Ah roart, leukin oan in dismay it the excavation site at eesed te bi the back gairden.

The Maan o the Hoose pulled oan is hauf-chaaed carpets an wannert ootside wi is denner in is han. The dug hid scrapit oot a hole big enuch te beerie imsel in an aa he did wis tak a bite o'is sandwich an say, "Me, me, ye'r an affa loon."

"Fan's he gaun te stairt sleepin in is ain hoose?" Ah speered, noddin it the state-o-the-art kennel at the Maan o the Hoose hid spint twa hale wik-ens biggin. It's a faantastic construction at cost aboot the same es a budget break fir a faimly o fower te the Algarve. Ah smiled te masel, kennin at the dug wull nivver sleep ootside aa nicht. We ken it – an sae dis he.

"Ah'm gaun awa doon te the shops," said the Maan o the Hoose. "Ah think Ah'll git Argo a new collar."

"He disna need anither collar." Ah sighed. "He's ariddy gat a plain ane fir wik-days an a funcy ane fir Sundays."

"Ah bit... bit Ah'v seen ess ane at lichts up in the daark. An ere's ten percent aff aa dog beds."

"He's ariddy gat three beds," Ah complaint. "Ane fir ootside, ane fir inside an ane fir hurlin in the car. It widna maitter iv he actually sleepit in ony o'em."

"Ah! Bit ess ane's reversible," he said, haein the gweed grace te leuk a bittie affrontit. "Broon oan ae side an Burberry check oan the ither."

Argo cam oot fae aneth the hedge an leent up against ma leg. He leukit up it ma: aa flappin lugs, muckle broon een an a quiverin black snoot. Ah gied is heid a clappie an aa wis firgivin.

"At beast's gatten roon wir hairts like a hairy wirm," observed the Maan o the Hoose.

"Ay, an he disna hauf ken it," Ah said, takkin a lach an giein im anither clap. "He's clean connacht."

"Div ye see the wye he's leukin up it ye? Iv only he cud spik."

Ah leuk doon it im an grin, kennin at iv he cud spik he wid maist likely say: "Gie ma anither fyow wiks an Ah'll bi in complete control o the hale hoose."

"Ye hungry, loon?" The laad fa'd said 'nae titbits' extractit a bittie o biled ham fae's sandwich an gied it tull the dug.

The neest mornin wis a lazy Sunday an the Maan o the Hoose an masel war lyin in wir bed newsin:

"Ah'v bin thinkin," Ah said. "Fit iv Duncan meeves oot in a fyow ear an gits a hoose o'is ain? He'll mebbe wint te tak Argo wi im."

"He's nae gettin im," leuch the Maan o the Hoose. "Wi'll buy im a car insteid."

The bedroom door made a creakin soun an a black heid appeart roon the neuk o't.

"Come oan, en, min!" said the Maan o the Hoose. "Up ye jump!" He pattit a space it the fit o the bed bit the fower-leggit fiend jumpit clean in atween's, gruntin an groanin, tail waggin in the air.

"Ah'v heard o three in a bed," said the Maan o the Hoose, makkin nae attempt te shift im, "bit ess wisna fit Ah hid in myn. Na, na, min," he addit, es the pup pit is heid doon oan the pilla an lickit the eyn o'is nose, "ess is nae eese, ava."

Syne, Ah hid te lach fin wir een met ower the dug's heid an he said, "Div ye think he's spylt?"

My John

Ah'v recently hid the honour te get te ken Elsie Donald. Elsie's a thin wire o a wifie, wi a razir-sharp wit an keen broon een. She's honest, prood an spiks in a braid Buchan tung. Iv a psychiatrist hid te label Elsie, he wid maist likely describe er es a 'child of trauma'. Bit fitivver ye wint te caa er, she's a survivor. Her story brocht tears te ma een. Ess is fit she hid te say:

"Ma name's Elsie and Ah'v bin seein a coonseller aboot the things at'v happened te ma – an Ah'm thinkin, fit's the pynt efter aa ess time? Bit, appairently, it's fashionable nooadays te spik aboot yer problems – te git aathin aff yer chest.

"A BAIRN! Fit'll folk say!" At's fit ma Faither shoutit es he duntit is fist doon oan the table, garrin the cups and sassers dirl. "Damn ye te hell, quine!"

Faither wis a meenister an teen is orders fae a Goad fa kent naethin o firgiveness an kineness. He prayed ower the muckle beuk at ruled is life, twistin the wirds te suit imsel.

Mam jist leukit it ma. An she wis aye leukin fin Faither's han connectit wi ma lug. Ah hut ma heid aff the side o the table oan ma wye doon. Syne Faither said he'd pray fir ma – an aneth the circumstunces, at wis mair then Ah deserved. Ah think at wis the meenit Ah stoppit believin in Goad: weel, he wis meent te ken an see aathin, bit he kent nir cared naethin fir me; iv he hid, he'd hiv putten a stop te the sins at Faither cairried oot aneth is black goon o respectability.

"THE AFFRONT!" roart Faither, leukin up fae aa is prayin. Ye see, it wisna like it is nooadays, fin ye can hae a bairn wi faivver ye please an naebody bats an ee.

Ah wisna aiven the lenth o fowerteen-ear-aul fin ess affa thing happened – naither bairn nir wumman an es green es they come. Ah hidna a clue at lyin canoodlin in the strae wi a loon cud hiv sic dire consequences.

"Did he force hissel oan ye?" shoutit Faither, is chiks maave wi rage. "Did he mak ye?"

"No," Ah fuspered, noticin the daark shadda at hid faan ower is face an kennin at Ah'd jist made maitters ten times waar. Faither wis leukin fir some'dy te blame an Ah winnert fit he'd say iv he kent at Ah'd likit it; at Ah hidna tried te rin awa; at Charlie's kisses an the things he'd deen te ma hid felt sweet an fine.

Faither spared ma a beltin at nicht, bit sattled insteid fir cleansin ma sowl in anither wye: he steed ma up in an enamel basin full o caal watter an, wi a cake o carbolic soap in ae han an a widden fleer brush in the ither, he scoored an scrubbit ma skin tull it wis reed-raa. Ah waatched es the bleed dreepit doon, makkin swirlin pink pattrens it ma feet.

Faither gaed awa tull is bed an Mam wirdlessly wipit ma shakkin limbs. She grat an grat es she pattit ma dry: greetin fir me, an greetin fir ersel es she pulled ma goonie ower ma heid an teen ma in o er bosie.

Ye see, Mither wis feart o Faither an Ah wis waar nor feart. Ah lived fir the holidays an the chunce te ging an bide wi Grunny Robertson.

Mither's mam wis stoot an waarm an wore a flooery overall. The lang simmer days it her hoose war full o fun: unaccustomed, unguardit lachin an singin an fusslin aa the aul Scots sangs es wi pickit straaberries an goosers te mak jam. Grunny kent foo te skip. Ay, an foo te rin in es weel. She'd full a basket wi loaf an bannacks, creamy yalla butter baas, corters o breid wi great daads o crummly hame-made cheese an wi'd hae a picnic oan a tartan rug: me lyin oan ma back aside Grunny, an her rummlin oan aboot deed Granda Robertson an coontless ither folk Ah didna ken. Bit it didna bother ma at Ah didna ken em. Ah wis jist glaid te bi ere: free fae faither; free te dream at ess life cud bi mine.

The coonseeler maanie speered foo Ah hidna telt Grunny aboot the affa life at Faither gied Mam an me. Ah jist aboot leuch oot lood fin he cam awa wi at: ere wis nae *Childline* back en; bairns like me hid nae vyce; an aiven iv they cud'v fun ane, naebody wid'v listened.

Onywye, fin ma belly evintually gied the show awa, Ah wis packit aff te bide wi Faither's spinster sister: a druchtit aul bitch fa'd nivver hid a maan te waarm er bed. Auntie Jessie said at 'Ah wis coorse te the core' an prayed ilky day fir ma salvation fae temptation an the sins o the flesh.

An aiven fin the pains stairtit an ma watters puddled oan the fleer, Jessie didna saften. She gaed fir a neebour fa kent aboot birthin bairns, syne sut ersel doon aside ma bed, readin great screeds oot o er bible, er heid booed aneth the wecht o ma disgrace.

The pains cam sair an faist, a stingin streetch o reed-het agony rippin the space atween ma legs. Ah leukit doon an saa ma loon comin kickin and skirlin inte the warld, kennin naethin o sin – clean an pure an perfeck.

Ah didna ken fit luv wis tull Ah saa ma John: Ah can aye picter is wee face, aa reed an rumpled leukin; is teeny taes an at het little hannie curled aroon ma fingir; an at gutsy wee moo, searchin fir sustinance fae ma swallen breests.

Oh! An foo Ah wintit te keep im! Bit naebody listened: they teen ma John awa an gied im tull a *nice* faimly fa cud fess im up richt an gie im a better life.

Ah wis putten hame seen efter at, wi a sair hairt an impty airms; an ma John wis nivver mintioned again.

Ah aye hiv is wee fite cardigan. An iv Ah beerie ma face in its saftness, Ah think fir a daft meenit Ah can fin the smell o im.

Echt ear later, Ah mairret a fairmer chiel caaed Harry. He gied me twa bonny dothers; bit Ah nivver gat ma loon.

Bit aa at's aboot te chynge. Ah'v hid a letter fae ma John. Only he's nae caaed John noo – he's caaed Brian an he's a chartered acoontant in London. Turns oot he's bin leukin fir me aboot es lang es Ah'v bin missin him.

An Ah'v aiven fun Goad again: bit he disna jist exist inside the kirk, in a gweed claes, weary pandrop-sookin Sunday kinna wye, nir holed up in some fooshtie-smellin vestry; he's in ma gairden, an in the een o ma bairns an their little anes. He's a luvin Goad fa kens wi'r human an says it's aricht te mak mistaks. An Ah ken, noo, at it wisna him at made ma life hell: it wis Faither. It wis Faither's ain free wull at made im dee the things he did. The differince atween then an noo is at ere wis naebody te stop im. Ah myn the mornin he deet: the happiest day o ma life.

Se Ah'm meetin ma John ess aifterneen, an Ah'm jist hopin at he winna blame ma; at he'll unnerstan at it wisna fit Ah wintit; at it wisna ma wyte. An ere's nae gaun te bi nae mair blame, nae mair guilt. Ma loon's comin hame an Ah'm the luckiest wumman oan Goad's Earth."

A Bum Deal

Winner of the Buchan Heritage Festival 2004
Senior Doric Writing Category

"Come oan, Dottie, lut's jist hae a wee leukie." Beldie pulled oan er pal's airm. "Ah canna resist a raik."

The brass bell abeen the door tingilt es they gaed inside *New to You*, a second-han shop in Turra.

"Fut a stuff!" peched Beldie, er muckle breests strainin against a Fair-Isle cardigan. "It's like Aladdin's cave." Her een lichtit up es she leukit aroon: ere wis rails an rails o claes an a pile o bachled sheen biggit up against the back waa; a mixter-maxter o dishes an ornamints; curtins an blunkets an a scrattit aul sideboard wechtit doon wi weel-thoomed beuks.

"Fut a load o dirt, mair like," said Dottie, er tap lip curlin in disgust es a bibblie-nibbit bairn wi a fool face grinned up it er fae its pushcheer. "Ah tak ye oot fir a run an a fly cup an aa ye wint te dee is raik throwe deed folk's claes."

"Dinna bi daft, Dottie," said Beldie. "Ye dinna hiv te bi deed te pit yer claes te a charity shop."

"Hmmph." Dottie sortit the pleats oan er skirt an adjustit er gold-rimmed glaisses. "Ah dinna ken iv it's the folk or the stuff," she said, noddin it a maanie fa wis pullin oan a pair o wirkin beets, "bit ere's a richt fooshtie stink in here."

"G'awa," leuch Beldie, "your nose is ower near yer – "

"Wi'v a speecial offer oan eyvnoo," interruptit the huddery-heided wifie ahin the coonter. "Twa fir the price o ane. An aathin ower ere," she said, pyntin it a rail o claes aside the winda, "is jist a poun."

"Oh, fir Goad's sake," hissed Dottie, es Beldie made a bee-line fir the bargain rail. "Dinna stan up afore the winda far aabody can see ye."

"Sattle yersel," said Beldie, rattlin throwe the wire hingers. "Ere's naebody here fa kens ye."

"Ah widna bi se sure. Far we bide, ye canna dee naethin bit fit ye'r fun oot."

"Ay, ye'r nae wrang ere: Meldrum's an ill-fashioned divil o a place." Beldie gied a grin. "Ma Geordie says at iv ye let aff oan the kirk brae, bi the time ye'r in the Square, ye'v fullt yer briks."

"Dinna bi se orra!" Dottie gied er pal a reprimandin glower.

"Haud at," said Beldie, castin er cardigan.

Dottie's chiks grew fire reed es er companion tried oan a muckle winter coat; a puckle pair o sheen; a bricht reed anorak an hauf-a-dizzen differint bonnets.

"Ah'm awa te see iv Ah can squeeze masel inte ony o the frocks," said Beldie, oxterin a pile o ootfits an makkin fir the chyngin room.

"*Beldie!*" Dottie leukit exasperatit. "It's a *poun* wi'r spikkin aboot here."

"Ah ken!" she said, throwin the reed anorak it Dottie, afore disappearin ahin a moch-aeten broon curtin hingin fae a roosty rail. "An it's a waste o siller iv they dinna fit."

"Ess disna aiven meet," hissed Dottie, ruggin it the curtin "An it's aboot twa fit short o the fleer."

"Ah'll jist fussle!" cried Beldie. "An fin Ah'm in here, wull you hae a leukie it at anorak?" She drappit er briks roon er queets fir aabody te see. "Mak richt sure it's hale aneth the oxters an see at the neck's nae ower rubbit nir fool," she said, teetin throwe the curtin an grinnin. "An fir Goad's sake, cheer up, Dottie! Ye'v a face like a bit o crackit linoleum."

*

"It last! Ah thocht wi war gaun te bi in ere firivver." Dottie leukit up and doon the street. "Ah felt at conspicuous – Ah steed oot like a sair thoom."

Beldie grinned t'ersel: she'd kent Dottie maist o er life, bit she cud bi a richt snob fin she likit.

"Pit aa at stuff intill a decent bug, wull ye." Dottie teen a Harrod's cairrier oot o er hanbug an gied it a shak. "Ah aye tak ess wi ma fin Ah ging shoppin. Ah bocht masel a luvely trooser suit it Harrod's fin Bill teen ma te London fir wir anniversiry."

"An ye jist like aabody te ken?"

"Leuk! Ah canna help it iv Ah'v gat standards," sniffit Dottie. "An the day Ah buy some'dy else's claes – ill bi the day at hell freezes ower."

"It's nae neen waar then aa at aul furnitir ye'r aye trailin hame," said Beldie, rammin er newly acquired ootfits inno the plastic bug. "An it least Ah'm deein a bit o gweed fir some'dy idder then masel: mebbe a bodie fa's nae se weel, or fa disna hae se muckle es me."

"Aricht, Saint Beldie o Meldrum, dinna git yersel aa wun up," snortit Dottie, haalin er ben the street an inte a wee coffee shop wi bonny checkit curtins an tablecloots te match. "An Ah'll hiv ye ken, at it's nae 'aul' furnitir at Bill an me colleck – it's untiques."

"Fitivver," said Beldie, plonkin ersel doon oan a cheer aside the winda.

"Onywye, it's claes wi'r spikkin aboot an at's a differint maitter athegither. The stuff cud bi hobblin wi flechs." Dottie gied a bit snicher o a lach. "Ah shid mebbe hae ye foomigated."

"Dinna spik shite," said Beldie. "Ah cud say the same te you aboot widwirm."

"Ah'v nivver bocht onythin wi widwirm." Dottie leukit affrontit es a chuddy-chaaen quine, wi a stud in er tung an a heid like a cockatoo, teen their order. "Ah can spot quaality an snuff oot a gweed deal a mile awa."

The waitress cam back wi the fly and the argiement wis firgotten in a flurry o scone spreadin an tay steerin.

"Goad, Ah near firgot," said Dottie, dichtin er moo wi er hunkie an pullin a paper cuttin oot o er purse. "Ah wis meent te phone aboot some furnitir Ah saa in yisterday's 'P&J'."

"See's a leukie." Beldie read the advert es Dottie raikit in er hanbug fir er mobile. *Antiques for sale: Victorian double wardrobe, drawers, hand-carved bed-ends & washstand. All in excellent condition with original features. Must be seen. Offers. Tel. 01651 782815.*

"Fit's the nummer, en?" said Dottie.

Beldie shook er heid an rolled er een es she waatched Dottie punchin in the nummer: er hoose wis ariddy full te the gunnals wi furnitir, an far she wis gaun te pit mair, the Lord aleen kent.

"*Hallo!* Ah'm just phonin aboot the furnitir you've pit in the 'P&J'."

Beldie grinned es she listened t'er freen pittin oan er panloaf vyce an faaen throwe it ilky ither wird.

"Ma husband an masel are very inte the Victorian look an we've been huntin for some drawers es file. Oh ye'v a pair!" Dottie leukit fair trickit wi ersel. "An do ye think they'd ging weel against a mahogany heid-board? Ye div? Oh, that's just gran! They're in mint condition, too. Could ye possibly gie me some mizzerments?" Dottie drummed er fingirs oan the tablecloot. "*Mmm hmm.*" She noddit. "That souns like mair or less what I'm efter...it doesn't give me muckle room, like, and it'll mebbe bi a bittie of a squeeze, bit Ah think I should just aboot munuge te accommodate them."

"Write doon the address oan ess." Beldie pulled an aul bus tickit oot o er purse.

"Oh! Aside Fyvie! Weel, Ah'm actually in Turra right noo," said Dottie. "Yes, Ah ken fine where that is. *Mmm hmm.*" She scribbilt doon directions. "Stracht oan at the crossroads then first on your left at the heid of the hill."

*

"Ah'v bin leukin te feenish aff ma bedroom es file," said Dottie, turnin inte the eyn o the wifie's road. "An Ah'v a gweed feelin aboot ess," she addit, er een lichtin up wi the thocht o the impendin bargain.

"Ah dinna ken fit wye ye dinna git yersel some decent furnitir," said Beldie. "Aathin's aye at aul an scrattit leukin – yer hoose is like a bliddy museum."

"It's caaed style an class," said Dottie, haalin oan the hanbrake, "an at's nae somethin ye can order fae the Argos catalogue."

"Do come in, ladies!" A wifie wi a bool in er moo cam te the door. "Everything's through in the guest room. My mother recently passed away and we need to make a little space. One can't possibly hold on to everything. She was ninety-seven and a terrible hoarder. Many of the things I'm selling oaf actually belonged to my Grandmother. I'm willing to let them go at a reasonable price – to someone who'll really appreciate them."

"Fit did Ah tell ye," fuspered Dottie, gaun ben the lobby ahin the wifie. "Ah'v a nose fir snuffin oot a gweed deal."

"The drawers are on the bed," said the wifie, throwin back the bedroom door an pyntin te the biggest pair o wifie's draars at Beldie hid ivver seen. "Ah'll leave you to have a look at them."

"Oh! Oh!" cried Beldie, crossin er legs an haudin ersel. "Ah…Ah think Ah'm gaun te weet ma punts!"

"Stop at lachin!" shoutit Dottie. "Fit the hell am Ah gaun te dee?"

"Weel, Ah s'pose ye shid raelly hae em foomigated – an mebbe aiven checkit oot fir widwirm. Oh! An ye *definitely* wint te mak sure ere's nae 'original features'," keckled Beldie, grabbin the voluminous undergarmints, turnin em inside oot an haudin the backside up te the licht.

Dottie leukit fit te burst es Beldie pulled the lang-legged Victorian bloomers ower er briks an dunced roon the room.

"Ye'r jist luvin ess," she accused. "Ah feel like a richt – "

"ERSE?" suggestit Beldie, booin ower an wagglin er dock in the air.

"Foo wis Ah te ken at wis the kine o draars the wifie wis spikkin aboot?" Dottie's fizzog wis like thunner. "Ah s'pose Ah'll jist hae te tak the bliddy things, noo – Ah'm ower affrontit nae tull."

"Weel, iv…iv ye'r sure," said Beldie, pullin the offendin underweer richt up t'er chin an grinnin like a feel. "…Ah unnerstan at ye'v gat yer standards an Ah ken ye dinna agree wi buyin deed folk's claes…"

"Shut yer trap an drap at draars!" An indignint Dottie wis near greetin wi rage.

"Oh, Dottie," spluttert Beldie, er shooders shakkin wi mirth an the watter stannin in er een, "Ah'm sorry at it wisna raelly fit ye war expeckin – Ah s'pose ye cud say…it's bin a bit o a *bum* deal."

Jist a Tourist

Fobie wis weel kent fir bein ticht es twa coats o pint. He'd nivver spint a shillin fin a penny wid hiv deen. Folk said at gaun te funerals wis is only social life an, iv ere wis a free fly an dram te bi hid, ye cud aye rely oan aul Fobie. His fite sark wis aye pressed an he hid the kine o face at suitit the occasion.

It least ye git yer hinmaist hurl in a decent motir, thocht Fobie, strachenin is black tie es he waatched the hearse purr te a stanstill. Win-blawn sleet nippit it is chiks an the caal winter win rattilt is ribs. He pulled is thin suit jaicket roon im an cursed imsel fir nae buyin a decent coat.

At's a nice enuch boxie, he said t'imsel: a bra polished mahogany affair wi bonny brass hunnels. He gied is heid a shak es the coffin wis lowered onte a trolley an hurled inte the sma country kirk. *Surely some'dy cud hiv cairriet it in*, he thocht, follaein the undertaker inte the kirk, the chuckies oan the pathie jab, jabbin it is feet throwe the soles o'is sheen.

Fobie sighed es he meeved silently doon the aisle. He slippit inte the widden seat an sut imsel doon oan the reed velvet cushion. He teen a deep breath an smiled: he'd aye likit the smell o the kirk wi its flooers an aa its polished wid; the moch-baalled Sabbath claes; the rich reed communion wine an the fooshtie guff o aul hymn beuks. He closed is een an mynd aboot the mony times he'd sutten here: waddins, communions, bapteesems an beerials. He leent back against the pew, the memories takkin roon an roon inside is heid.

"Far is aabody?" muttert Fobie, giein imsel a shak an leukin aroon. "It's a helluva peer turn oot." Wattery winter sinlicht slantit throwe a stained glaiss winda, lichtin up the swirlin shaft o stewy stars at dunced abeen the fleer.

Ere's nivver jist the ae wee flooerie, thocht Fobie, leukin it the peetifu sicht. *Fir a maan at's bid in the same North-east neuk fir aa is wirkin life, it's a gey peer show.* A queer kinna sairness grippit is hairt es he leukit it the singil wreath o fite lilies.

Fobie pulled oot is hunkie an dappit it is een es Bella an Gladys Jimison fa eesed te bide in the neest placie fin they war aa bairns, slippit inte the pew in front.

Fobie grinned t'imsel es he mynd foo he'd termentit the life oot o the twa quines. He fun is chiks waarmin es he thocht aboot the teenage Bella: she'd tried im sair te bi er laad, bit he hidna bin interestit.

"They'll bi nae tay efter ess service," a maanie's vyce cam fae the pew ahin, "lut aleen a dram."

"Na, Ah wisna expeckin ere wid bi," said anither vyce. "He wis nivver at keen oan stannin is han fin he wis livin."

Fit a wye te spik aboot the deceased, thocht Fobie. The vyces soundit kent an he wis mangin te turn roon an see fa wis spikkin. He teen a bit smile es is mither's wirds cam back tull im: '*It's nae mainners te turn roon an gawk it fa's ahin ye in the kirk.*'

"It's aricht fin ye'r young an able. Bit it the eyn o the day, it maun bi gey grim te bi oan yer ain," said Gladys, offerin Bella a pandrop.

"Ay," Bella noddit, "bit siller wis is Goad – aa at wis ivver in is heid wis wirk. Atween you an me, Ah think he'd hiv likit a wife fine bit he wis ower feart o fit it micht cost im."

Fobie leukit up es young Walter cam inte the kirk.

"Gweed Goad, Ah wid hairdly hiv kent im," said Gladys. "Ah heard at he's weel up in the bunk an nivver bin mairret. Appairently, he's es miserable es is uncle. Ah dinna think the laad in the boxie, ere," she noddit te far the coffin steed oan its widden trestle, "ivver teen muckle notice o im."

"Ay," noddit Bella, "bit he'll bi lachin, noo – young Walter'll faa heir te the hale jing bang. Fit's the bettin he'll bi in aneth the aul maan's mattrass afore the day's oot."

"Like a rubbit doon a hole," leuch Gladys.

"Ay, ye canna tak it wi ye." Bella noddit an crunched er pandrop.

"Richt enuch," agreet er sister. "Ere's nae pooches in a shrood."

Fut a wye te spik, thocht Fobie, shakkin is heid. *Hiv they nae respeck fir the deed?* He felt fair disgustit wi the twa wifies an winnert iv he shid ging ower an sit aside young Walter.

The organist stoppit playin fir a meenity and teen a leuk aroon it the peetifu gaitherin. The Reverend Goodbodie cam glidin oot o the vestry like he wis oan casters. He stoopit te fusper somethin in young Walter's lug afore takkin is place afore the coffin.

"We are gathered here today," said the black-frockit meenister, "to give thanks for the life of Walter..."

Fobie closed is een es the preacher maanie droned oan an oan. "...Walter had no wife or family, but is mourned today by his only nephew." He noddit te far young Walter sut in the front raa.

Fobie fun an unexpectit tear rin doon is face es he leukit aroon it the impty pews. He mynd oan ither funerals he'd bin at: grievin widdas dab, dabbin it swald een wi clean fite hunkies an broken-hairtit bairnies greetin fir a loast grunny or granda.

The wee hanfu o folk did their best it the hymn singin, strugglin throwe *The Lord's my Shepherd* an *Abide with me* afore the undertaker wheeled the coffin oot o the kirk, a grim-faced Walter leadin the wye.

*

Fobie pulled the lapels o'is jaicket up aroon is lugs es he pickit is wye throwe the aul kirk yaird. The time o the service the snaa hid bin dingin doon, happin the grun in a lumpy fite blunket.

He steed up it the grave, feelin kinna queer an dizzy es he peered doon inte the lair: it wis a lang wye doon an affa daark. He leukit up es the meenister stairtit is address: lang fite fingirs faaled in prayer; a quiverin dreep hingin fae the eyn o'is marled nib.

Fobie felt like he micht fooner es the caal fae the frozen grun creepit up throwe the soles o'is feet. He waatched es the undertaker maanies aa teen a cord, wi young Walter stannin it the heid o the coffin.

Fobie sweyed back an fore es they lowered the deceased inte the gapin jaas o the grun.

"Ashes to ashes, dust to dust..." said the meenister's wearisome vyce.

It stairtit te snaa again, great saft flakes floatin throwe the air like fedders.

"Rest in peace, faithful servant," said the meenister, claspin is hans an booin is heid.

Fobie steed an waatched es the hauf-dizzen mourners wore awa fae the graveside. Aabody stoppit te shak hans wi young Walter, afore shufflin awa, leavin their fitprints in the fresh-faan snaa.

Fobie wintit te follae the mourners bit he kent ere wis nae place fir him in the lan o the livin. He leukit oan es the grave wis happit up wi lang widden boords, the wreath o fite lilies laid oan tap.

An syne Fobie's hairt wis in is moo es he read the letterin oan the Foubister faimly steen: the names o'is mither an faither an the twin brithers fa'd bin loast it birth stared back it im. *Walter (Fobie) Foubister* – he traced a shakkin fingir ower is faither's name an winnert iv ere'd bi room fir is ain aneth it. His een fullt es a picter o'issel es a young loon formed in is myn: he'd bin gweed an kine back en, wi a luvin, givin hairt.

He meeved oot o the road es is nephew, Walter, cam stridin ower the grass, his size aleyven feet stannin oan the uncomplainin departit. He sighed an hunkered doon aside the grave.

"Walter!" cried Fobie, raxxin oot a han. He gied a silent groan es is fingirs passed clean throwe Walter's airm. "He canna hear ma. An he disna see ma." Tears run doon is chiks. "Ah'm raelly deed. An at corpse aneth the grun... is raelly me."

The snaa shooer cleared an Fobie saa at he hid company: shaddas, makkin nae soun, war meevin amon the heidsteens. An es they meeved, they teen the shape o folk, their faces daark an desperate-leukin. Fobie kent, wi'oot bein telt, at the shaddas war like imsel: peer an tortured sowls, bound te the Earth bi the sins o greed, envy, pride an ither mortal misdemeanours.

"Ay, Fobie, maan," said Walter, booin ower the grave. He claaed it the baldy spot at wis stairtin te appear oan the croon o'is heid.

"Ah dinna ken fit te say te ye, Walter, loon," sighed Fobie. "Ah feel like Ah'v nivver raelly kent ye." His een fullt es he leukit it is only nephew: a loon fa he'd nivver hid ony time fir; fa'd nivver hid a birthday caird or a Christmas present fae's uncle.

"Ah'm sorry ere wisna a better turn oot fir ye, aul maan," said Walter. "Bit Ah s'pose ye war a bittie like me – keepit yersel te yersel."

"Dinna bi like me!" shoutit Fobie, is lips meevin bit nae soun comin oot. "Life's fir the livin, loon, bit Ah'v spint mine like a tourist – jist passin throwe. Jist leukin; nae touchin; nivver buyin; aye winda shoppin. Ah keepit aathin fir best... bit leuk it ma noo...," Fobie held up is shaddawy hans afore is face, "...the best his passed ma by."

Walter liftit is heid an leukit up an, fir a meenit, Fobie thocht he'd heard is wirds o waarnin. "Rest in peace, Fobie," he said, clappin the heidsteen an waakin awa.

Aa o a sidden, a feelin o owerwhelmin relief shuddert throwe Fobie: in realisin is mistak, he'd set imsel free. His feet cam aff the grun an aa warldly cares war liftit fae's shooders.

The sun cam oot an meltit the snaa, floodin the kirkyaird wi waarmth an licht. An syne he hid the queerest feelin – like he wis bein pulled oot o'is bodie. He fun imsel risin inte the air an leukin doon it the ither Fobie. He touched a han te the shimmerin silver cord at hid appeart atween imsel an the ghostly figir oan the grun.

Fobie tittit the cord twice afore it snappit, is Earth-bound sel fadin awa an jinin the remains at laid caal an stiff aneth the sod.

"Ye canna tak it wi ye!" Fobie shoutit inte the win, lachin oot lood es is soul ascendit, is pooches teem an is hairt swallin fit te burst.

Beauty's Bit Skin Deep

Betty rippit open er birthday caird an stared doon it the glittery '50' oan the front. She waatched es a goldie-coloured invelope fell oot an landit oan the fleer.

"Ah hope ye like it." Her maan, Jim, pickit up the invelope an handit it ower. "Ye deserve a treat."

"Oh…thanks!" Betty cudna hide er sirprise es she pulled oot the gift vouchir.

"Ah hope it's enuch," said Jim, leukin fair trickit wi's choice o present.

"It's fir *fifty* poun!" She glowered it the vouchir fir *Primp 'n' Pummel*, a new-opened beauty salon in New Deer. "Fit cud they possibly dee te ma at wid bi wirth fifty poun?"

"Ah thocht ye'd like it." Jim leukit a bittie miffed it is better-hauf's reaction.

"Ah'v nivver bin te a beautician's in ma life," complaint Betty. "Fit maks ye think Ah'd wint te stairt, noo?"

"Weel…" said Jim, kinna canny like. "It's jist at Ah felt a bittie sorry fir ye fin wi war roon it Stanley an Alice's the ither wik."

"Oh, ye did, did ye?" Betty faaled er airms definsively. "An foo wis at?"

"It wis jist wi her gaun oan aboot aa the things she his deen t'ersel. Ah thocht ye micht like te try't oot fir yersel."

"Ah dinna ken foo Stanley mairret yon Alice," said Betty. "She's nae a bit like Jeannie…" Betty's vyce tailed awa es the memory o er dear departit freen wis replaced bi a picter o Stanley's new wife. She tittit in disgust es she thocht aboot Alice: she'd a face at wis harled wi pooder an pint an the claes she insistit oan weerin wid hiv bin better suitit t'a young quine.

"Ye'll feel like a new wumman." Jim's vyce interruptit er thochts.

"Mebbe at's fit ye'd like." Betty gied im an accusin glower. "Fit ye'r raelly sayin is at Ah'm nae se glamorous es her. Ah'm winnerin iv it's a newer model at ye'r efter fir yersel?"

"Bliddy hell!" Jim gied a lang, draan oot sigh. "Ah canna dee richt fir deein wrang."

Betty turnt ower the vouchir an saa er appintmint printit oan the back. "At's ess aifterneen," she said.

"Weel, Alice his invitit's roon the nicht fir yer birthday meal. At's foo Ah gied ye the vouchir – Ah thocht ye micht like te spruce yersel up a bittie. It'll mebbe gie ye somethin te spik aboot."

"Goad sakes, Jim, iv at's aa wi'v gat in common, Ah'd es weel nae bother."

"Jist try an mak a bit effort," said Jim. "It widna kill ye."

"Ah s'pose." Betty munaged a smile. *Did Jim wint er te model ersel oan Alice?* she winnert. *An did he think she leukit plain an aul-farrant?*

*

Betty wis aye winnerin fin she fun ersel stannin it the reception desk o *Primp 'n' Pummel*.

"Now, how can we help?" A receptionist wi a fite coat tittit er appintmint caird oot o er han.

"Weel…" She fun er chiks reedenin. "Ah'm nae athegither sure. Ye see…it wis ma maan fa made the appintmint."

"Oh, yes! I remember." The wifie smiled. "He's booked you in for the massage an mini makeover at our special introductory price. Mind you," she addit, leukin Betty up an doon, "you might feel that you'd benefit from our full makeover – the total package."

Gweed Goad! Ah hope te hell Ah dinna eyn up leukin like you, thocht Betty, wishin she'd nivver waakit throwe the door. The wifie's moo leukit like she'd bin suppin jam, er eyelashes war like spiders' legs an she'd great lang spikers o reed nails like cats' cleuks.

"We've a special offer on just now on manicures, hot wax hand treatments and nail extensions," she said, castin a critical ee ower Betty's wirk-rochened hans.

"Ah dinna think so… " Betty glanced doon it er fool-leukin tattie parin thoom afore hidin it ahin er back.

"Well, what about the sun beds?" speered the receptionist, leukin ower the coonter it Betty's peelie-wally legs. "You can choose between some sessions on the high-powered beds or our state-of-the-art 'Stand and Tan' booths."

"Och, no. Ah dinna think Ah funcy at." Betty pushed up er sleeve an inspectit er paisty fite skin. "Folk fae Buchan ir nae meent te bi broon – it's nae natral. Wi'r s'post te bi ess kinna pale blue colour." She haaled doon the airm o er cardigan. "Ah widna hiv thocht at ere wid bi muckle demaun fir a tan in New Deer."

"Oh, you'd be surprised." The wifie's sparklin fite teeth gleamed fae a face at wis the colour o an aul sideboard. "I have a tanning session four times a week."

"Ay?"

The receptionist noddit er reply. "Perhaps, Madam would prefer to try our Spray-Tan: a completely safe, no risk, tanning experience. We've had quite a few bookings from men. Do you think your husband would be interested?"

"Wid he hae te tak aff is bonnet?" speered Betty, luttin oot a scraich o a lach.

"Slighty more than that, I'm afraid."

"Nae...aathin?"

"*Everything*. Well...not quite everything," she amendit. "The salon does provide protective paper headwear and undergarments to protect our clients' modesty."

"Oh, weel, Ah ken ma Jim widna bi up fir at," said Betty. "He disna cast is vest tull June an Ah dinna see im stannin in here in paper draars an a pairty hat."

"Take a seat while you're waiting and have a look at our treatment list." The wifie leukit a bittie riled an stappit a leaflet inte Betty's han.

Betty blushed again, reddin er hair wi er hans, es she sut ersel doon oan a flooery cane settee. She sighed es she pickit up a glossy magazine fae the coffee table an flickit throwe't: impossibly bonny quines wi flaaless skin, lang legs an gravity defyin breests stared up fae ilky page.

Betty slappit the magazine doon oan the table an turnt er attintions te *Primp 'n' Pummel's* price list: the kine o siller they war sikken wis a disgrace, an hauf the things at war oan offer she'd nivver aiven heard o.

Betty wirkit er wye doon the list, er lips meevin es she read. Oan the first page ere wis nail extensions; pedicures an manicures; lyin doon an stannin up tans; cellulite treatmints; facials an make-up; botox injections an the sair-sounin waaxin o mowsers, legs, oxters an bikini lines.

Ess souns mair like a bliddy torture chamber then a treat, thocht Betty, er een watterin es she turnt the page. Here they war offerin *Colonic Irrigation*: a gran clearoot involvin a rubber pipe an waarm watter; an electric thingie fir dirlin aa yer fat awa; an last, bit nae least, *The Brazilian*: a helluva savage kinna haircut at wisna oan yer heid.

Betty wis jist aboot te stan up an rin oot fin a young quine wi an orange face an a fite coat cam throwe an shoutit er name.

"Ay, Ah'm Missus Reid." Betty gied a nervous smile es the beautician leukit er up an doon.

"If you'd just like to come through," she said, takkin er bi the airm, "and we'll get started."

Betty wis jist aboot te protest fin the quine caad the door tee an pyntit te a lang leather seat wi fluffy fite tools biggit up it baith eyns.

"The special offer includes a head, face and body massage. If you'd just like to strip to the waist for me," said the beautician deem. "Slip off your things and leave them on the chair."

"Ah... Ah'm nae sure aboot is..." Betty wis stairtin te feel a bittie anxious.

"Nonsense. You'll love it. Ah can safely say that you'll find it to be the most relaxing experience you've ever had – some people even fall asleep. I'll just pop out and get a new bottle of massage oil."

Betty sut oan the edge o the bed, wytin fir the quine te come back. She happit ersel up wi the tools es best she cud, the swate brakkin oot oan er broo es she siddenly mynd aboot the 'Brazilian'. Classical meesic wis comin fae a spikker in the neuk o the room an the shelves at run aroon the waas war full o aa kines o differint lotions an potions.

"Sorry to keep you, Madam!" The beautician cam back inte the room brandishin a big bottle o ile.

"Oh!" The quine's face wis a picter es she wheeched awa the tools at Betty hid teen sic care te arrange. "I asked you to strip to the waist."

"Weel, ye nivver said fae fit eyn!" A black-affrontit Betty ruggit the tail o er blouse doon ower er backside. "At's mebbe nae the chiks ye wintit te wirk oan," she said, pullin oan er briks an tryin te mak licht o er mistak.

Fir the neest hauf-oor, a reed-faced Betty wis pummelled an rubbit tull she cudna see stracht.

"What's your usual skincare consist of?" speered the beautician, es she sut Betty doon afore a mirror.

"A gweed waash wi a facecloot an Palmolive soap, an syne a splashie o caal watter te feenish aff."

"An what about face masks and cleanser, moisturiser and toner?"

"Nuh."

"Exfoliation?"

"Exfoli-fit?"

"Night cream or firming eye and neck gels?"

"Nuh."

"Make up, then?" The beautician lassie leukit hopefu.

"Na, na," said Betty. "Ah hivna time fir ony o at cairry oan."

"Well, all that's about to change. You're here for a makeover and that's what you're going to get."

Betty waatched in dismay es she pulled open a thing like a suitcase. Inside wis aa kine o make-up: foondation an pooder fir aa differint shades o skin; wee potties o eye shadda; coontless lipsticks – shiny an matt; some kirn she caaed concealer; eyeliners an lipliners; aboot twa dizzen colours o nail varnish an plastic dishies o bronzers an blushers.

"Give me about twenty minutes and you won't recognise yourself," said the beautician, pittin a goon ower Betty's heid an pullin er hair back aff er face.

Betty steekit er een an lut the quine git oan wi the transformation.

"There!" She snappit shut er casie an pulled a kaim throwe Betty's hair. "What's the verdict?"

Betty opened er een an gawpit it er reflection. The lassie wis richt enuch: she didna recognise ersel. Her face leukit the same kinna orangey colour es the quine's; er een war ringed like a panda an er moo wis post-box reed. "Ay…thunks verra much." She pit er heid oan ae side an studied er new leuk.

Betty's han wis shakkin es she handit ower the vouchir it the coonter. She leukit it er waatch: it wis anither hauf-oor tull Jim wis due to pick er up. She cud only hope at she widna bump inte onybody she kent.

*

"*Yoohoo!*" Betty waved it Jim es he pulled up in the motir. She gied a great sigh o relief es she gat in ower.

"Goad almichty, fit hiv they deen te ye, quine?" He switched aff the ingine an turnt roon te face er.

"Div ye nae like it?" She steekit oot er reed lips. "The beautician said a widna recognise masel."

"Ah can believe at, like," said Jim, a grin pullin it the neuks o'is moo. "Ah hairdly kent ye masel. Ah nearly didna stop."

"Ah ken." Betty stairtit te giggle an aa. "Fit a bliddy sicht Ah leuk."

"Leuk it yer een, Betty – ye'd think ye'd bin swipin the lum."

"Ah'm surely jist nae meent te bi glamorous," she said, tears o lachter rinnin doon er face.

"Ah'v kent you thirty ear, Betty, an ye'r aye the bonniest quine in aa o Buchan. Ye dinna need aa at dirt te mak ye bonny."

"Bit Ah thocht ye wintit ma te leuk like yon Alice craiter."

"Leuk like Alice! Fit the hell maks ye think at? It's jist at ye wirk se hard an Ah wintit te spyle ye fir eence. Ah widna like ye te feel ye'r missin oot."

"Believe me, Jim," said Betty, "at wis nae treat – a treat's a fish supper, or a cone wi a flake an a waak ben the beach. At in ere hid te bi ane o the wirst experiences o ma life."

"Ay?"

"Wi'oot a doot," said Betty. "Ah'm jist nae cut oot te leuk like Alice. Ah'm mair yer aul-style model – ye'll jist hiv te bi deein wi a Skoda insteid o a Porsche."

"G'wa an nae spik dirt. Ah gaed roon te Stanley's early oan ae mornin an ye shid hiv seen er wi'oot aa er clairt oan – she's a face like a burst baa."

"Ay, mebbe, bit she kens foo te spik te folk," sighed Betty. "Ah aye eyn up leukin like a feel."

"Hmmph." Jim nairret is een. "Mair like she nivver stops spikkin. Iv ye ask me, she's gat a bittie ower muckle o fit the cat licks its erse wi."

Betty noddit, stairtin te feel a wee bittie better.

"An anither thing," said Jim, "she winna wirk an she's as far up in the air, she's wired te the meen. The only thing at yon Alice is ony eese fir is spennin Stanley's siller."

"Och, weel, iv at's the case," said Betty, spittin oan er hunkie an dichtin awa fit wis left o the makeower, "an ye'r certain at ye'r nae efter a new model, Ah'll mebbe jist bide the wye at the gweed Lord intendit."

"Ah'm sure." Jim noddit. "Ah like the model Ah'v gat jist fine – she's honest, nivver luts ma doon an Ah dinna hiv te wirry aboot gettin er pintwirk touched up."

Betty grinned, er een fullin.

"Ah s'pose fit Ah'm tryin te say is at ere's nae a singil thing ye need te chynge," said Jim, raxxin ower te the passenger seat an grippin Betty's han in a byordnar show o public affection. "Beauty's bit skin deep – grimness gings te the been."

A Cottar Quine

I wis brocht up it Hattonslap cottages, Oldmeldrum, an attendit Barthol Chapel Primary. Cottar life revolved aroon the skweel, the kirk an the shop. Wi enjoyed a strong sense o community an, although wi didna hae affa muckle, they war happy days.

A puckle ear syne, the bairns an masel war oot fir a run an wi teen a leuk in by the place far Ah eesed te bide. Te say it wis a disappintmint wid bi an understatemint. Ess hinmaist story wis inspired bi at visit.

"Far did you bide fin you wis little, Mam?" At's fit ma bairns, Dawn and Duncan, wintit te ken. Se Ah decidit te tak them te see fir theirsels.

"Se at's a cottar hoose," said Dawn, es wi turnt inte the eyn o the aul road. "I thocht you said it hid a bonny gairden?"

"It did..." Ah leukit oan wi dismay it the sotter the place wis in: the girse wis knee-deep an mam's 'bonny' gairden wis in an affa state; the aul sheddie wi the tin reef at hid bin ma hoosie wisna there ony mair an the hedge wis clean oot o han, the place far the gatie eesed te bi, growne ower an oot o sicht. An the pathie far Ah'd hurled oan ma hame-made cairtie wis chokit wi weeds.

"It's nae affa nice," said Duncan. "Did ye raelly bide here?"

"Ay, Ah did. Ah wis cottared here," Ah said, a queer kinna pride owercomin ma disappintmint. "An it didna kill ma."

*

Later at nicht, safely holed up in wir centrally-heatit hoose, Ah telt the bairns fit it wis raelly like fin their mam wis little:

"In the winter it wis affa caal," Ah said. "Ere wis nae happy medium: ye war near roastit te death afore a spittin, reed-roarin, leg-marlin bleezer o a fire or, iv ye meeved awa fae the settee, aboot sterved te the marra. Wi'd frozen pipes, windas freestit oan the *inside*, shampoo solidifyin in the bottle an facecloots frozen te the sink."

"Wis ere ony shops?" speered Duncan, waarmin te ma story-tellin an the chunce te bide up by is bedtime.

"Nae Tesco's or Safeway's, bit wi did hae Nellie Waalker's," Ah said, wi a lach. "Wi'd wir ain wee shoppie wi a Post Office an a reed phone box ootside. Mrs Waalker's shop hid aathin in't at ye cud ivver imaagine. An ahin the lang polished coonter war the sweeties: coo candy, double lollies, sherbet dib-dabs an jars an jars o aa kines o aul-fashioned sookin sweeties – fit Ah lot Ah cud buy wi ma big broon penny. An fin wi didna hae a penny, wi'd ging raikin in the widdie fir aul returnable ale bottles an git enuch free smachrie te haud wir jaas gaun fir oors."

"Did Grunny like bidin ere?" speered Dawn.

"Ah dinna s'pose she'd muckle time te think aboot it," Ah said. "She wis ower busy wirkin. She'd te dee aa er waashin bi han in twa big fite sinks, scrubbin and rubbin it collars an cuffs wi a cake o green *Fairy* soap. An syne, fin she'd feenished, she'd caa it aa throwe a mungle, the widden rollers flattenin the claes an squeezin oot the excess watter.

"An Ah can aye smell the tins o creamy yalla polish she eesed te gie.a shine te the linoleum roon the edge o the carpet square. Mam made aa wir maet fae scratch: rhubarb an aipple crummlie, fish pie, hairy-tatties, hame-made soup, pies an butteries. An in the simmer time she'd mak straaberry jam. She'd stan an steer it the hotterin pink mass wi a widden speen, the kitchen full o the sweet smell o't. An syne, iv Ah'd bade quait an behaved masel, she'd lut ma lick the speen an scrape oot the berry pan."

"Mmmm." The bairns lickit their lips.

"She wis a great baker, an aa," Ah said, wi a smile. "Oor hoose wis aye full o the fine smell o hame-bakes: oven scones, breid, bannacks, rock cakes, curran loaf, chocolate sirprises an caramel squares. The only day wi ivver hid a bocht piece wis fin the baker's van cam roon. Iv ye war lucky, ye'd git a 'funcy piece': a pink or yalla clairty iced confection, in a wee fite paper casie, at aye leukit better then it tastit."

"Did the shops come te you?" speered Duncan. "Like the Tesco's internet hame delivery."

"Ay, they did!" Ah said. "Wi'd the fisher an the butcher's

van an aa. Ah likit the fish maanie best – he aye left ma a sweetie oan the post o the gairden gate."

"Ye canna see the gate." Dawn screwed up er face, mynin aboot the affa roch gairden she'd seen earlier at day.

"It wisna aye like at," Ah said. "Yer Grunny teen a pride in er gairden. She'd aa kines o flooers an veggies growin side bi side: sweet tastin piz, soor goosers, bonny reed rhubarb, peeny roses, tattie chappers, an aul-farrant pink rose at climmed an clung te the gale o the hoose an spicy-smellin southern-wid at grew bi the gairden gate." Ah teen a deep breath es Ah mynd. "The hale place wis an assault o smells an a riot o colour."

"An fit aboot Granda?" Duncan pulled oan ma airm. "Tell's aboot him."

"Weel, Ah wis nivver the kine o quine fa wis affa interestit in hoosewirk. Ah prefert te bi ootside wi yer Granda, hurlin in is tractir. Ah likit naethin better then fin he hid te wirk it the wik-en: fullin bags o bruised corn; forkin neeps inte the hasher; syne rowin the barra ben the byre, smellin the sweet breath o the pink nosed coos and the sharp stink o sharn. An efter Ah'd tired masel oot, Ah'd clim up onte a stack o yalla strae bales an play hide-an-sik wi a faimly o fairm catties, the kittlins' mettery-eed mither waatchin es they capered aroon aneth the licht fae the singil bare bulb at swung fae the widden couples. Ah'd lie an chaa a bit strae or, mebbe, a hairy pandrop at Ah'd fun in ma pooch – a case o 'sook an spit'. An, files, Ah'd sweel a slice o neep aneth the tap an aet at an aa," Ah said, wi a lach. "At wis afore e coli – in the days o cast-iron stamacks."

"Fit ither kine o wirk did Granda dee?" speered Dawn.

"Och, he wis aye busy," Ah said, fondly. "Bit he nivver did onythin tull he'd fullt is pipe an pit oan is bonnet." Ah raise up an gaed throwe the hoose, syne cam back wi ma faither's aul pipe, baccy tin an blue checkit bonnet. "Ye see, smokin wis is hobby: fae the claain oot o the bowel an the dunt against the dungers; te the ceremonious cuttin an fullin o the black bogey-roll; te the saitisfeein crack o the spunk; an syne, at great glorious yome o baccy."

"Cud ye smoke it yer wirk?" Duncan wintit te ken.

"Michty ay!" Ah said. "He smokit oan is wye te yoke an syne oan is wye hame; in the golden glare o a hairstin park an later aneth the licht o the meen. He smokit in the byre an aiven fin he wis plooin. Up an doon he'd gang, turnin ower daark curlin slices o earth es he gaed; sea-maws scrauchin, wheelin an divin fir wirms es he plooed the grun like broon cordiroy."

"It souns like ye war happy enuch," said Dawn.

"Oh ay, Ah wis," Ah said wi a smile. "Bit Ah dinna wint ye te think it wis perfeck, bein cottared – cis it wisna. Bit Ah *div* think folk war happier. Mebbe they war easier pleased or mebbe they jist didna ken ony better. Bit fitivver ye think, Ah'm prood te hiv bin a cottar quine an Ah widna chynge a thing: it's made ma fit Ah am an gien ma a luv o the countryside an fir the fine tung o the folk at bide ere."

*

The bairns ging awa te their beds an Ah git a meenity's peace an quait. An syne a sidden sairness grips ma hairt es Ah leuk it a photie o ma faither: he's meeved oan te ploo is furra oan hicher grun. A typical fairm-servant, he gaed throwe life expeckin little – demandin less. An he bid at wye, richt up tull is haird-wirkin hairt finally gave oot...retired hans, noo lily fite, faaled in that final sleep.